國家、知識、信仰

《佛學叢報》與
清末民初佛教的近代轉型

倪管嬣

著

序

　　管嬗出家，法號上道下禮。我是她就讀政治大學歷史所碩士班時的導師。如今她將她的碩士論文略加刪削，去蕪存菁，整理出版。囑我為序，義不容辭，乃有是序。

　　管嬗此書，寫「三千年未有之大變局」下，佛門中人的應變之道。在那個猿鶴蟲沙、玉石俱焚的亂世，多少佛子，哀民生之多艱，與斯人之徒共運而同命。太虛行「阿彌陀佛的革命」，與章太炎並稱「革命黨的二太」；僧鐵禪護持孫文，畢永年歸命牟尼；釋印順撰《佛法概論》而見疑，釋夢參拒還俗而繫獄。所謂「假使熱鐵輪，在汝頂上旋，終不以此苦，退失菩提心」；其生也如寄，其往也如歸。管嬗發揚民國時期佛門之探索與奮鬥，表斯人之典型，特垂範於將來。豈僅是鉛槧事業而已哉。

　　1521年，馬丁路德於沃姆斯（Worms）參加聽證會，據傳Georg von Frundsberg 對馬丁路德說：「小和尚，你走的可是一條艱辛的路啊。」（"Little monk, it is an arduous path you are taking."）《地藏菩薩本願經》裏也說：「世尊：我觀是閻浮眾生，舉心動念，無非是罪。脫獲善利，多退初心。若遇惡緣，念念增益。是等輩人，如履泥途，負於重石，漸困漸重，足步深邃。若得遇知識，替與減負，或全與負。是知識有大力故，復相扶助；勸令牢腳，若達平地，須省惡路，無再經歷。」道禮暨後起之佛門龍象，當此泥途，固須為

眾生籌，求能牢腳步，省惡路。今見道禮學業有成，歡喜讚歎之餘，油然生Georg von Frundsberg之感：想此去路漫漫其修遠，嗟爾遠道之人胡為乎來哉。好在道禮寫作此書，南針在抱，典型不遠；我於是知道禮必能成正果，開眾生。是為序。

劉季倫　于2022年7月

目次
CONTENTS

表次

圖次

第一章
緒論

楔子

余在民國紀元前四年起，受康有為《大同書》，譚嗣同
《仁學》，嚴復《天演論》、《群學肄言》、孫中山、章太
炎《民報》，及章之〈告佛子書〉、〈告白衣書〉，梁啟超
《新民叢報》之〈佛教與群治關係〉，又吳稚暉、張繼等在
巴黎所出《新世紀》上托爾斯泰、克魯泡特金之學說等各種
影響，及本其得於禪與般若、天台之佛學，嘗有一期作激昂
之佛教革新運動。

釋太虛（1890-1947），〈我的佛教改進運動略史〉[1]

上述史料描繪出近代著名的佛教改革僧人釋太虛，於清末民初
蓬勃發展的思想界中，所閱讀之中西方學界的最新著作，並將其從
光緒34年（1908）以前用功甚深的佛學與古籍、禪宗的參究、天台
教義，以及大藏經論的研究等，援引納入新時代的思潮中，從而建
立其改進佛教的思想基礎。[2]藉由太虛的經驗，可窺見中國近代思

---

[1] 釋太虛，〈我的佛教改進運動略史〉，收錄於太虛大師全書編纂委員會編纂，《太
虛大師全書》（香港：太虛大師全書出版委員會出版；臺北：海潮音社發行，1950-
1956），頁69。

[2] 釋太虛，〈我的佛教改進運動略史〉，收錄於太虛大師全書編纂委員會編纂，《太

想發展的紛紜萬千。

　　中國近代思想史的「轉型時代」（the transitional era of modern China），張灝（1937-2022）界定為1895-1925年，中國思想文化由傳統過渡到現代、承先啟後的關鍵時代。此時代無論是思想知識的傳播媒介，或是思想內涵均產生巨大變化。主要變化有兩項指標：一為報刊雜誌等傳播媒介大量出現；一為新的社群媒體，即知識階層（intelligentsia）的產生。[3]甲午戰爭以迄，西方文化理念及其價值體系影響著中國知識分子，隨著西方思潮席捲中國與儒學內部的變化，使得中國傳統儒學受到衝擊，儒學看似已無法回應這股衝擊，主張「破除九界」[4]、「衝決網羅」[5]等打破儒家正統論的思想紛紛出現。迨至辛亥革命成功，推翻了中國數千年的皇權政體，邁

虛大師全書》（雜藏：文叢（一）），頁69。

[3]　張灝，《幽暗意識與民主傳統》（北京：新星出版社，2010），頁134。丘為君曾統整張灝對於「轉型時代」的時間斷限，經過四期的修正轉折：第一期為1971年於 *Liang Ch'i-Ch'ao and Intellectual Transition in China*（《梁啟超與中國思想的過渡，1890-1907》）一書中定義為1890年至1911年，即辛亥革命之前的清帝國最後二十年左右；第二期為1978年於〈晚清思想發展試論──幾個基本論點的提出與檢討〉一文中，修改為1895年至1911年，確立1895年甲午戰敗為轉型時代的起點；第三期為1990年於〈形象與實質──再認五四思想〉，提出「轉型時代二十五年說」，時代跨限為1895年至1920年，由甲午到「五四」；第四期為2004年於《時代的探索》中，正式確立「轉型時代三十年說」，修正為1895年至1925年，即到五卅運動。丘為君，〈轉型時代──理念的形成、意義，與時間間定限〉，收錄於王汎森等著，《中國近代思想史的轉型時代》（臺北：聯經出版公司，2007），頁529。

[4]　康有為《大同書》：「一覽生哀，總諸苦之根源，皆因九界而已。……九界者何？一曰國界，分疆土、部落也；二曰級界，分貴賤、清濁也；三曰種界，分黃、白、棕、黑也；四曰形界，分男、女也；五曰家界，私父子、夫婦、兄弟之親也；六曰業界，私農、工、商之產也；七曰亂界，有不平、不通、不同、不公之法也；八曰類界，有人與鳥、獸、蟲、魚之別也；九曰苦界，以苦生苦，傳種無窮無盡，不可思議。吾救苦之道，即在破除九界而已。」康有為，《大同書》（上海：上海古籍出版社，2009），頁44。

[5]　譚嗣同《仁學　自敘》：「初當衝決利祿之網羅，次衝決俗學若考據、若詞章之網羅，次衝決全球群學之網羅，次衝決君主之網羅，次衝決倫常之網羅，次衝決天之網羅，終將衝決佛法之網羅。然真能衝決，亦自無網羅；真無網羅，乃可言衝決。」譚嗣同，《譚嗣同全集》，卷一，收錄於李敖主編，《中國名著精華全集》，第16冊（臺北：遠流出版社，1983），頁8。

入民主共和時期，除了政治方面的影響外，在學術及思想的發展上也有許多重要影響，其影響有兩個重要作用，一面是「破」的，一面是「立」的。在「破」的方面，是解除傳統綱常禮教的束縛，使學術能有自由的發展空間；「立」的層面，是在思想上提倡民主、科學、平等這些新的價值觀念。[6]

胡適（1891-1962）曾解釋辛亥革命的意義是：「連皇帝都會被革掉。」然這多方面的崩潰，造成了一個大解放的空氣。[7]作為納入中國學術體系的「佛學」，在「破」與「立」之時代學術格局中自然無法缺席。值得注意的是，張灝特別指出轉型時代思想演變中較被人忽略的「精神取向危機」，當時許多重要的思想發展都脫離不了它的軌跡，這種精神層面的危機在轉型時代初期，最好的例證就是知識分子盛行研究佛學。[8]狄百瑞（De Bary, 1919-2017）在討論佛教早期傳入中國的時代時曾說：「宗教不以它自身的精神使命的內在形式，而相反以反映新的歷史局勢的形式來充當文明之載體，這既不是第一次也不是最後一次。」[9]狄百瑞所語，實則與佛教在清末民初的情況相呼應。

釋東初（1908-1977）描述佛教在中國近代史上的處境，好像泛在新時代洪濤中的一葉輕舟，隨著新時代的急浪奔濤，每經一次風暴，必遭受一次打擊。洪楊之亂而有毀像焚寺的厄難，戊戌變法而有廟產興學的威脅，辛亥革命之後而有打倒迷信反宗教運動，

---

[6] 《中華民國發展史•學術發展》，冊上（臺北：國立政治大學；聯經出版公司，2011），頁5。

[7] 胡適，〈雙十節的感想〉，《獨立評論》，期122（北平，1934），頁3。

[8] 張灝，〈中國近代思想史的轉型時代〉，《二十一世紀》，總第52期（香港，1999），頁35。

[9] William Theodore De Bary, *East Asian Civilizations: a Dialogue in Five Stages* (Cambridge, Mass.: Harvard University Press, 1988), p. 26.

及新潮流的排斥。[10]然與此同時，中國遭遇西方文化的衝擊，在民族意識的覺醒下，清末佛教界知識分子以楊文會（號仁山，1831-1911）為中心，開啟了佛教復興運動。梁啟超（1873-1929）所言：「晚清所謂新學家者，殆無一不與佛學有關係。而凡有真信仰者率皈依文會。」[11]楊文會對於中國佛教近代教育的開創，有著革新的理念，不僅試圖恢復傳統佛教叢林的制度，同時也吸收了近代教育的方法與理論，保存了佛教的思想文化，也與東漸之西學形成了相當的溝通與融合，在當時著實是一項創新之舉，於近代知識界亦掀起一波學佛風潮。此種新興的學佛風潮已與傳統佛教有著不同型態，尤其是民國時期的佛教，既是對明清以來中國傳統佛教的延續，也是對中國傳統佛教的革新，本文討論民國初年的《佛學叢報》，其創辦與組織也深受楊文會理念之影響。

　　傳統中國高僧大德傳布佛法的方式主要是聚眾講經說法，以及撰寫佛學論著，然近代以來呈現顯著的轉型趨勢。清末民初以來，一些佛教界人士對於中國佛教文化所做的實踐事業，除了繼承傳統，以講經說法與著書立說弘揚佛法外，主要是建立刻經處、出版大藏經、創辦佛學院，以及發行佛學刊物等，當中佛學刊物的出版加速了佛教知識的傳播，佛學知識轉型的新舊思想最直接地就是表現在佛學期刊當中。[12]近代佛教的文化活動表現在出版為數眾多的佛教刊物上，僅1912至1949年，大陸、臺灣、香港、澳門、日本、新加坡，以及緬甸等地的佛教團體創辦的漢文佛教期刊就將近二百種。近年由中國社會科學院世界宗教研究所主編的《民國佛教期刊文獻集成》與《民國佛教期刊文獻集成補編》，共收錄兩百三十三

---

[10] 釋東初，《中國佛教近代史》，冊上（臺北：中華佛教文化館，1974），序頁1。

[11] 梁啟超著；夏曉虹點校，《清代學術概論》（北京：中國人民大學出版社，2009），頁220。

[12] 高振農，《佛教文化與近代中國》（上海：上海社會科學院，1992），頁389。

種佛教刊物，是目前收集最完整的中國佛教期刊合集，被學者譽為「當代佛教大藏經續編」。[13]

《佛學叢報》為民國元年首推的佛教期刊，[14]從1912年10月出版至1914年6月為止，共出十二期，史瑞戈（Gregory Scott）的研究指出，《佛學叢報》是第一本專業化的中文佛教期刊。釋太虛曾評價：「《佛學叢報》雖只十二期，其質精量富，至今猶有可考之價值。」[15]此刊物雖僅興辦兩年，因經費不足而停辦，然出版的意義不容忽視：第一，《佛學叢報》是由曾主辦革命黨重要刊物《時報》，並擁有多年辦報經驗的狄葆賢（1873-1941）所辦。狄氏為了宣揚佛學，普及佛化教育，於1904年在上海創辦了有正書局後，[16]接著首創民國第一份佛學期刊，對近代佛教文學發展開闢了一條新的傳播道路，其後，各種佛教期刊便如雨後春筍般地接連出刊。第二，《佛學叢報》內容豐富，編排嚴謹有條，包括圖像、論說、學理、歷史、小說、文苑、問答，以及佛教新聞等專欄，投刊作者多為當時著名高僧和中外居士學人，如釋宗仰（1865-1921）、釋印光（1861-1940）、釋諦閑（1858-1932）、康有為（1858-1927）、梁啟超、蔡元培（1868-1940）、章炳麟（1869-1936）、歐陽竟無（1871-1943）、陳方恪（1891-1966），以及達摩波羅（Dharmapala, 1864-

---

[13] 黃夏年主編，《民國佛教期刊文獻集成》，冊1（北京：全國圖書館文獻縮微複製中心，2006），前言，頁1-8。黃夏年主編，《民國佛教期刊文獻集成‧補編》（北京：中國書店出版社，2008），頁1。

[14] 邵佳德的研究指出，1894年前後，由日本東本願寺在上海別院出版發行的《佛門月報》，是現今所見最早的漢文佛教報紙。目前只發現第一期，刊載的文字篇幅也有限，但已具備近代報刊的基本雛形。邵佳德，〈近代佛教的世界格局：以晚清首份漢文佛教報紙《佛門月報》為例〉，《世界宗教研究》，期6（北京，2019），頁57、59、61。

[15] 釋太虛，〈十五年來海潮音之總檢閱〉，收錄於太虛大師全書編纂委員會編纂，《太虛大師全書》（雜藏：書評（一）），頁138。

[16] 上海通志編纂委員會編，《上海通志》，冊9（上海：上海社會科學院出版社；上海：上海人民出版社，2005），頁5911。

1933）等，均於此發表論著。日本學者島地默雷（1838-1911）與織田得能（生田得能，1860-1911）合著的《三國佛教史略》也首次被翻譯於該刊連載，想見此刊物具有一定學術水平，故有做整合性探究的價值存在。

如上論述，《佛學叢報》做為民國中國的第一份佛教期刊，提供佛教界一個發聲的媒體平台，預期藉由此期刊文章的討論，來管窺民國初期佛教界的具體情況，並從中看出在該時期所關心的議題。本書研究範圍是以1912-1914年的《佛學叢報》為中心，因牽涉到《佛學叢報》之前的歷史知識背景和之後的發展，故以清末民初為跨線。《佛學叢報》的創立宗旨是在中華民國創立之初的新時局裡，解決人們對於佛教的毀謗和破除迷信的迷思，運用世間的哲學理論來導正人心，最終能使人類進步，世界和平。然這是否反映清末民初時期佛教的近代轉型特徵，即逐漸脫離高談心性，走向與社會結合具有入世精神的佛教，除了保存傳統義理，很大部分已與科學式的新學作結合？這種結合會通出何種不同於傳統佛學的新思潮？在新舊思想的會通中，佛教的傳統思想如何廣納新式的革新思想？抑或排斥且不認同？佛教與社會的關係產生何種變化？佛教歷史觀的書寫有何種轉變？當時佛教的主張在現實是否得到體現？這些都是筆者欲探討的問題。藉此討論，探究《佛學叢報》所體現之近代中國佛教在近代轉型中的傳承與革新。

對於中國近現代史的研究，美國漢學界多以西方為中心，無論是費正清（John King Fairbank, 1907-1991）所強調的「衝擊與反應」，或是列文森（Joseph R. Levenson, 1920-1969）主張的「傳統與近代」，以及佩克（Edmund James Peck, 1850-1924）提出的「帝國主義」，其觀點都放大了西方對於中國的影響。柯文（Paul A.

Cohen）提出的「中國中心觀」，則是以中國人的思考方式，把中國歷史的中心放在中國來做考察。

從「挑戰與回應」、「傳統與現代」、「帝國主義」，一直到「中國中心觀」的研究取向來看，清末民初之際的中國佛教面對新時代的變局，包括學術思想、新式組織制度等，無疑受外力影響而發生極大的轉變。值得注意的是，本研究關注的中國佛教在面對近代轉型之問題時，體現於「國家與佛教」、「知識轉型」，以及「信仰轉型」這三大面向，本身已超越了前述四個典型近代化理論的西方研究模式。且中國佛教的近代經驗有其自身的特殊性，此特殊性已不只是工具性理性追求的課題，而是具有面對信仰重新思索的意涵。

下述將先探究學者於佛教在近代中國對於知識分子造成何種影響的論述，繼之了解《佛學叢報》在現今學界已有哪些研究成果。站在巨人的肩膀上與其對話，提出可再突破之處。

第一節　近代中國佛教復興與宗教出版相關研究

一、近代中國佛教復興之議題

蔣維喬（1873-1953）指出，民國以來，佛教之所以有興盛之曙光，其動機有三點：一、清末中外交通，西方學術輸入，且科舉廢，學校興，學者思想解放，不復拘於儒家一孔之見，對外來科學，喜從事研究，而對古來相傳之學術，亦多為之整理，故有文藝復興之現象。二、佛典單本之流行，得之較易，喚起學人研究之興味。三、民初戰亂不息，民生因苦痛而覺悟，遂皈依佛教，以求精神之安慰。有此三因，故「南北各省佛教，一致勃興，是不期然而

然之潛勢力也。」[17]

　　李四龍著眼於全球性的佛教研究，認為近代意義上的佛教研究，緣起於歐洲學者的學術工作。審視從19世紀20年代開始，歐洲即以近代西方的學術方法研究東方的古老宗教──佛教，主要是以比較語言學、比較神話學、比較宗教學等方法，逐步形成一種稱為「佛教文獻學」（Buddhism Philology）的學術傳統。19世紀70年代以後，在南條文雄（1849-1927）與楊文會等人的推動下，這股學術風氣先後在中國與日本取得積極的回應。西方學界對於佛教研究的方法論，有經過兩次轉型的過程。第一次轉型的結果，形成了「哲學與文獻學雙軌並重」的研究格局。第二次轉型的結果，是20世紀70年代以來，伴隨著歐美佛教學者對於方法論的反省，建構出「思想史與社會史雙軌並重」的學術風氣，目前盛行在以北美為中心的國際學術界。思想史是一種社會的心態史，不僅解釋精英思想與經典，還要能包容一般民眾的思想。社會史的方法，專注在研究印度宗教和中國社會的互動關係，及佛教對於民間社會生活的滲透等問題。思想史的研究，實際上已融入了社會的因素，而非單純地圍繞觀念自身或菁英個體。故採用思想史與社會史雙軌並重的研究方法，較能還原歷史的全貌。[18]

　　受西方漢學界的影響，中國佛教知識文化在近代復興的議題也就此展開。陳榮捷在1953年出版的*Religious Trends in Modern China*（《現代中國的宗教趨勢》）討論到：「近代中國佛教前進的步伐即是一篇近代化改革的故事。」[19]陳榮捷主要強調釋太虛在近代中

---

[17]　蔣維喬，《中國佛教史》（北京：東方出版社，2013），頁258。

[18]　李四龍，《歐美佛教學術史──西方的佛教形象與學術源流》（北京：北京大學出版社，2009），頁2、14-15。

[19]　Wing-tsit Chan（陳榮捷）, *Religious Trends in Modern China* (New York: Columbia University Press, 1953), p. 56.

國佛教改革上的努力，使中國佛教更具國際性，且這些國際性的活動在性質上幾乎全是知識的活動。陳榮捷說道：「的確，知識的興趣主宰了這次改革運動的整體；這顯然是由於『文學革命』的影響。畢竟『文學革命』幾乎驚醒了每一個人。……新佛教在知識及其他方面的成就，使我們能清楚的看出，中國佛教的復興並不像別人所說，是由於『西方哲學的覺醒和負面影響』而來，[20]這些成就毫無疑問的顯示出中國佛教正在得到一種新的生命。」[21]這種知識的復興可追溯至晚清佛教居士楊文會身上。美國哈佛大學霍姆斯・維慈（Holmes Welch, 1924-1981）於1967、1968年，先後發表《中國佛教的實踐：1900-1950年》、[22]《中國的佛教復興》，[23]便是對於中國佛教復興所做的各種初步考察。

　　從史華慈（Benjamin I. Schwartz, 1916-1999）的觀點來看，在思想比較研究中凸顯的是始祖和傳人這個廣泛又持久的問題。不論我們對待的是儒教還是佛教，始祖們最初的學說是否能擺脫傳人的闡釋？我們會發現時常出現「某些闡釋代表了真正的傳統，其它的則是偏頗的見解」[24]這樣的論斷。史氏重點是欲將後人的闡釋與傳統原始教義作為一個整體連繫起來，因為思想跨越了幾十個世紀，不同時期都會因歷史文化背景而產生特定的思維模式。近代許多社會知識分子、政治改革家與思想家在時代環境裡都受到佛教文化的

---

[20] Charles Samuel Braden, *Modern Tendencies in World Religions* (New York: Macmillan, 1933), p. 126.

[21] Wing-tsit Chan（陳榮捷）, *Religious Trends in Modern China*, pp. 59、62.

[22] Holmes Welch, *The Practice of Chinese Buddhism: 1900-1950* (Cambridge: Harvard University Press, 1967).

[23] Holmes Welch, *The buddhist revival in China* (Cambridge: Harvard University Press, 1968).

[24] Benjamin I. Schwartz, "Some Polarities in Confucian Thought", in David S. Nivison & Arthur F. Wright eds., *Confucianism in Action* (Stanford, Calif.: Stanford University Press, 1959), p. 50.

影響，這些人對於佛學研究的動機，已不單純只是傳統佛教文化的延續，而是明顯地帶入了時代的特點。陳善偉指出，佛教在晚清的政治環境中，處境艱困，廟產興學直接波及到佛教的生存問題。此時，佛學義理對於知識分子是接納西學的媒介，同時也是維新人士的思想資源。[25]

關於晚清以來知識分子基於政治的意欲來研究佛學的觀點方面，蔣海怒認為，晚清政治思想大多受到佛學的薰染。新學家對佛學的興趣更多地來自政治的意欲。[26]此種觀點有待商榷，因當時面臨國家存亡之際，佛學的諸多義理確實是被許多知識分子拿來使用在政治理念上，如梁啟超《論佛教與群治之關係》[27]即是將國家與人民的前途視為一個大方向，把作為宗教的佛教用理性的、科學的、非迷信的觀點與政治做嵌合，但這僅是其中一個面向。晚清社會動盪，面臨國家存亡之際，佛學義理或是說佛教信仰成為知識分子精神情感的寄託所在。

近代佛學的復興由信仰佛教的居士推動，以楊文會為中心傳承兩個支脈，一是以釋太虛為中心的出家僧眾，一是以歐陽竟無為中心的在家居士，另有一批知識學人也因佛學而信仰佛教。陳繼東的研究指出，清朝末期的思想家們，關心於社會改革與西洋的學問，與此同時，這些思想家們也熱衷於佛教的研究，用新的形式將佛教教義理論化，並應用到社會改革的層面上。[28]

佛教義理被知識分子發現可以應對西潮，葛兆光提出「格義

---

[25] Sin-wai Chan（陳善偉），*Buddhism in Late Ch'ing Political Thought* (Hong Kong: Chinese University Press, 1985), pp. 16-27.

[26] 蔣海怒，《晚清政治與佛學》（上海：上海古籍出版社，2012），頁4、7。

[27] 梁啟超，《論佛教與群治之關係》（臺北：臺灣印經處，1959）。

[28] 陳繼東，《清末仏教の研究——楊文会を中心として》（東京：山喜房佛書林，2003），頁12。

再格義」，「且借佛學解西學」的觀點。[29]葛氏認為，近代佛學的特徵是以佛教思想對西方科學作新解釋，先是用佛教學說去領會科學，繼之以佛教義理來比附西洋哲學和心理學。當時代唯識學的復興即是一個例子，如譚嗣同最早將科學與唯識學會通。晚清佛學復興運動扮演著重要角色的歐陽竟無與章炳麟等人，也推崇法相唯識學。[30]唯識學之所以被當作能使佛教思想與科學、哲學融合的一個重要樞紐，其嚴密的邏輯、深奧的理論，以及細密的分析，實可與西方的科學、哲學相抗衡；另方面，藉由西方的科學和哲學，也證明了中國古有的佛學所具之精密的邏輯性。[31]不過此種比附的詮釋並非完全正確，余英時曾將中國思想傳統的現代詮釋和宋明新儒學的歷史背景做過比較，宋明新儒家發議的主要對象是已中國化的佛教禪宗，在禪宗出現以前，印度原始佛教和中國傳統思想間早已經歷了幾百年「格義」[32]的階段。新儒家通過已經本土化了的佛教概

---

[29] 葛兆光，〈孔教、佛教抑或耶教？──1900年前後中國的心理危機與宗教興趣〉，收錄於王汎森等著，《中國近代思想史的轉型時代》，頁222-227。

[30] 《仁學》曰：「仁為天地萬物之源，故唯心，故唯識。」譚嗣同，《譚嗣同全集》，卷一，收錄於李敖主編，《中國名著精華全集》，第16冊，頁11。歐陽漸：「唯居士（指楊）之規模弘廣，故門下多才。譚嗣同善華嚴，桂伯華善密宗，黎端甫善三論，而唯識法相之學有章太炎，孫少候，梅擷芸，李證剛，蒯若木，歐陽漸等，亦云夥矣。」歐陽漸，〈楊仁山居士傳〉，生活出版社編，《學思文粹》（臺北：生活出版社，1959），頁753。
章炳麟曰：「遭禍繫獄，始專讀《瑜伽師地論》及《因明論》、《唯識論》，乃知《瑜伽》為不可加。既東遊日本，提倡改革，人事繁多，而暇輒讀藏經。又取魏譯《楞伽》及《密嚴》誦之，參以近代康德、蕭賓訶爾之書。益信玄理無過《楞伽》、《瑜伽》者。」章炳麟，〈太炎先生自述學術次第〉，《太炎先生自訂年譜》（臺北：文海出版社，1971），頁53-54。

[31] 葛兆光，《西潮又東風：晚清民初思想、宗教與學術十講》（上海：上海古籍出版社，2006），頁59。

[32] 湯用彤：「格義者何？格，量也。蓋以中國思想，比擬配合，以使人易於了解佛書之方法也。」湯用彤，《漢魏兩晉南北朝佛教史》（北京：商務印書館，2017），頁192。據佛教經典記載此種詮釋方式始於晉代竺法雅，《高僧傳》：「法雅，河間人，凝正有器度，少善外學長通佛義，衣冠士子，咸附諮稟。時依門徒，並世典有功，未善佛理，雅乃與康法朗等，以經中事數，擬配外書，為生解之例，謂之格義。」〔梁〕釋慧皎，《高僧傳》，收錄於大正新修大藏經刊行會編，《大正新

念和分析方式，將儒家傳統中引而未發的「心性之學」全面地建立起來，因而豐富又更新了這個傳統。然而現代詮釋則缺乏一個長期的「格義」階段，西方的概念和分析方式在沒來得及本土化之前便已席捲了中國的學術思想界。因此現代學人用西方概念研究中國的思想傳統時，往往流為牽強附會與生搬硬套。[33]

　　佛教的傳入和儒教間關係之議題，列文森亦曾討論過。列文森認為，印度為佛教的發源地，它與中國的接觸僅限於思想方面，並未對中國造成過衝擊。而在佛教傳入中國的初期，從漢末到中唐的中國社會產生一些動亂，佛教此時似乎對於適應中國官僚社會運作的儒教構成了威脅。一旦中國官僚社會恢復正常運作，卻進一步使中國儒學成為源於印度的佛教的主人，佛教也根據中國文化的背景做了改造。[34]列文森主要論述佛教中國化的過程，雖剛開始外來的佛教對中國本土的儒教造成威脅，最終儒教仍占有壓倒性的支配地位。不過鴉片戰爭後西方的衝擊，對中國社會造成顛覆的影響。如果說歷史上佛教的傳入最終只是豐富了中國傳統文化的「詞彙」，那麼西方衝擊下的近代中國，則表現為一個由接受新詞彙到改變舊文法（語言）的過程。[35]這是中國歷史上的重大改變。

脩大藏經》，冊50，號2059（東京：大藏出版株式會社，1988），頁347上18。「格義」通常是據老莊的思想來解釋佛教的般若思想，例如以老莊的「無」來比配般若的「空」，但用以解釋佛理卻顯牽強附會，因為「無」與「空」雖有相似處，但在本質上，般若空義，重在緣生，其相應梵語śūnyatā一詞，有否定實在之意，「無」則為一形上的原理。故道安（314-385）起而排斥曰：「先舊格義，於理多違。」主張應從佛教原義來翻譯佛典。〔梁〕釋慧皎，《高僧傳》，收錄於大正新修大藏經刊行會編，《大正新脩大藏經》，冊50，號2059，頁355上18。

[33] 余英時，《中國思想傳統的現代詮釋》（臺北：聯經出版公司，1987），序頁3-5。
[34] Joseph R. Levenson, *Confucian China and its Modern Fate* (Berkeley: University of California Press, 1964-1966), pp. 60-61.
[35] 鄭家棟，〈代譯序：列文森與《儒教中國及其現代命運》〉，約瑟夫·列文森著；鄭大華、任菁譯，《儒教中國及其現代命運》（桂林：廣西師範大學出版社，2009），序。

　　藉由過去學者們的論述，審視中國古代在外來的佛教傳入中國時，佛教思想本身與中國傳統思想是互相「挑戰」，且互相「回應」，最終互相豐富其內涵。然而中國佛教在近代的情況不僅如此，中國傳統儒學面對西方思潮的「挑戰」頻見捉襟見肘的困境，此時中國化已久的佛學被發現竟可「回應」西潮。不過佛學的回應內容是否真正可以解釋西學，「再格義」的階段是否那麼容易完成？必須要將二者放在各自文化思想的經驗平臺上進行深入的對話才能得知。

二、宗教書籍出版研究之興起

　　中國近代因印刷技術發達，大量宗教書籍的出版，成為近年宗教學者饒富興味的研究議題。史瑞戈與柯若樸（Philip Clart）共同編輯的專書，著眼於1800-2012年近代中國的宗教出版與印刷文化，指出近年來學者對於中國印刷文化和宗教研究的興趣逐漸增加，並藉由文化史的研究，逐漸意識到，兩者都是推動近代中國的重要因素。麥金華（Kam Wah Mak）、李榭熙（Tse-Hei Lee）、Chui-Shan Chow, Christie、白若思（Rostislav Berezkin）、游子安，以及王見川等宗教學者的成果，闡述了近代中國的出版文化在宗教團體中扮演的角色，並提出新的見解。他們調查了宗教印刷文本的作用，並討論了新的印刷技術，如機械化的活字印刷和平版印刷，及商業出版公司和編輯者與作者們對出版宗教文本產生的貢獻與影響。這些近代印刷的傳播媒介，建構在存在已久的傳統印刷文化之上，和基督宗教、佛教、道教，及其他普遍流行的宗教團體，在近代中國被發展和被解釋。[36]

---

[36] Philip Clart and Gregory Adam Scott eds., *Religious Publishing and Print Culture in Modern China, 1800-2012* (Boston: De Gruyter, 2014), pp. 1-10.

024   國家、知識、信仰──《佛學叢報》與清末民初佛教的近代轉型

　　康豹（Paul R. Katz）的著作立足於1898年百日維新一直到
1949年，揭示中國的宗教生活與政治文化之間的關聯，如何影響
現代中國的宗教並產生巨大變化。當中，康豹討論了上海佛學書
局、弘化社、丹道刻經會、明善書局，以及天華印書館等宗教出
版社，更介紹了《大藏經》、《佛學叢書》、《海潮音》、《佛
學半月刊》、《世界佛教居士林林刊》、《印光法師文鈔》及
《道藏》、《道學叢書》、《仙道叢書》，以及《道教月刊》等
宗教書籍。宗教書籍的印刷出版已不僅限於傳統經典，各種形式
的新刊物也豐富了宗教的內涵。現代宗教出版的創新形式與中
國知識分子的宗教生活，也被視為宗教世俗化（The secularization
of the religioun）的現代模型。[37]2015年由康豹與高萬桑（Vincent
Goossaert）主編的《改變中國宗教的五十年1898-1948》，主要評
估晚清最後十年與民國期間形塑中國宗教命運的重要轉變過程。
值得注意的是，收錄的十四篇文章中，有兩篇提到狄葆賢創辦的
有正書局與《佛學叢報》，吳亞魁簡介了有正書局的經營時間與
項目；楊凱里（Jan Kiely）則說明在近代中國轉型之際，近代淨土
宗高僧印光大師（1862-1940）與淨土運動的崛起，有助於我們觀
察20世紀佛教運動中常被忽視的此翼，而印光初試啼聲的契機，

---

[37] Paul R. Katz, *Religion in China & its Modern Fate* (Waltham, Massachusetts: Brandeis University Press, 2014).「宗教世俗化」是以韋伯（Max Weber, 1864-1920）的*The Sociology of Religion*（《宗教社會學》）與涂爾幹（Emile Durkheim, 1858-1917）的 *The Elementary Forms of the Religious Life*（《宗教生活的基本形式》）之宗教社會學理論為基礎，延伸出來的討論。例如 Larry Shiner 歸結世俗化有六種現象：一、宗教的衰落；二、符合現代化的社會；三、社會脫離了宗教信仰；四、宗教信仰和組織的轉變；五、非神聖化的世界；六、從「神聖」社會向「世俗」社會的運動。Larry Shiner, "The Concept of Secularization in Empirical Research", *Journal for the Scientific Study of Religion*, Vol. 6, No. 2 (Autumn, 1967), pp. 207-220. 相關研究另可參見Peter Ludwig Berger, *The Sacred Canopy: Elements of a Sociological Theory of Religion* (N. Y.: Doubleday, 1966).

便是高鶴年（1872-1962）與狄葆賢將其文章發表於《佛學叢報》上，從而開始被世人所關注。[38]

　　相較於綜合性探討近代中國各種宗教的出版文化，史瑞戈的博士論文則是聚焦於佛教的出版事業。其研究指出，出版文化在近代中國佛教人物中，起了類似催化劑的作用。藉由從19世紀末到20世紀20年代的主要出版機構，及其主辦人物與提供貢獻者，說明佛教印刷的多元化、文本內容範圍的擴展，以及和出版有關的社會結構，對中國佛教界的人物活動所產生的顯著影響。更揭示在被新式印刷技術與新形式的社會結構推進下的出版事業，為該時代的宗教人物展開一種新的互相聯結與溝通的場域，從而引入新的宗教思想與實踐，這也是中國佛教復興的重要事項。[39]

　　專門以《佛學叢報》為對象的深入研究，至今仍十分缺乏。史瑞戈博論的其中一節曾整理過《佛學叢報》專欄類別，及作者群們所討論的主要議題等。史氏其它相關研究亦指出由狄葆賢創辦的有正書局，在當時是佛教出版事業的領頭者，除了出版中國最早的佛教期刊《佛學叢報》，還零售一大批的佛教經典。[40]末木文美士指出，清末民初之時，中國佛教的復興事業當中，佛教書籍出版

---

[38] 康豹、高萬桑主編，《改變中國宗教的五十年 1898-1948》（臺北：中央研究院近代史研究所，2015），頁i。吳亞魁，〈清末民國時期上海的宗教出版概觀：以佛道教為中心〉，收錄於康豹、高萬桑主編，《改變中國宗教的五十年1898-1948》，頁284-285。楊凱里（Jan Kiely），〈在菁英弟子與念佛大眾之間——民國時期印光法師與淨土運動的社會緊張〉，《改變中國宗教的五十年1898-1948》，頁366-367。

[39] Gregory Adam Scott, *Conversion by the Book: Buddhist Print Culture in Early Republican China* (Ph. D. diss., Columbia University, 2013), pp. 136-139.

[40] Gregory Adam Scott,"Chinese Buddhist Publishing and Print Culture,1900-1950", edited by Richard Payne, *Oxford Bibliographies in Buddhism* (New York: Oxford University Press, March 2013).查索自Oxford Bibliographies. http://www.oxfordbibliographies.com/view/document/obo-9780195393521/obo-9780195393521-0134.xml （檢索日期：2022.9.26）

的盛行也很重要。諸多刻經處與書局出版了佛教相關的研究書籍，雜誌、報紙也有四百種以上，有名的包括《佛學叢報》、《海潮音》、《佛教日報》等。[41]釋東初的研究指出，狄葆賢於光緒30年（1904）在上海創辦《時報》，以輿論鼓吹革命。入民國後，復陸續增出教育、實業、婦女、兒童、英文、圖畫，以及文藝等週刊，均為各報仿行。為保存國粹及提倡東方文化，出版《佛學叢報》，延濮一乘（?-1948）主編，首以文字宣傳佛法，頗有啟發作用。1913年之《佛教月報》，1918年之《覺社叢書》，顯都受其啟發而出。[42]唐忠毛的研究認為，《佛學叢報》是民初滬上佛教居士的主要陣地，它為廣大居士傳播了佛教知識，溝通了佛教信息，鼓吹了佛教復興思想。[43]鍾瓊寧指出，民初宗教結社解禁，諸多居士組織漸趨蓬勃，居士內部資料之多，自非前代能比，而其中又以上海為著，舉凡《佛學叢報》、《世界佛教居士林林刊》等皆是居士重要刊物。[44]

　　藉由史瑞戈、柯若樸、麥金華、李榭熙、Chui-Shan Chow、Christie、白若思、游子安、王見川、康豹、吳亞魁，以及楊凱里等研究，可對清末民初宗教出版文化與對宗教團體的影響有一綜觀的認知。透過史瑞戈、吳亞魁、末木文美士，以及釋東初的研究，得知民初的有正書局除了出版《佛學叢報》，並販售諸多佛教書籍與五彩金印的西方三聖佛像圖畫，為佛教的傳播提供了資源。深究唐忠毛與鍾瓊寧的觀點，可看出辛亥革命至抗日戰爭二十六年間，

---

[41] 末木文美士、曹章祺著，《現代中國の仏教》（東京：平河出版社，1996），頁200-201。

[42] 釋東初，《中國佛教近代史》，冊上，頁646。

[43] 唐忠毛，《中國佛教近代轉型的社會之維：民國上海居士佛教組織與慈善研究》（桂林：廣西師範大學出版社，2013），頁150。

[44] 鍾瓊寧，〈民初上海居士佛教的發展（1912-1937）〉，《圓光佛學學報》，期3（桃園，1999），頁158。

是上海佛教全面性發展的時期。然上述學者僅點出有正書局與《佛學叢報》的重要性與創辦人狄葆賢的特殊背景，就未再繼續深究；唐、鍾二人主要關注居士群，對於出家僧眾及知識分子亦欠缺探討；楊凱里僅關注印光大師引領的淨土運動思潮，對於印光於《佛學叢報》上具體刊登的文稿內容也未記載，殊為可惜，本書將做進一步的考察與補足。

第二節　《佛學叢報》與同期佛教刊物、大藏典籍，以及明治史料

　　本書主要以中央研究院中國文哲研究所圖書館線裝書室收藏的《佛學叢報》為主要史料，配合同時期的佛教期刊，包括《佛教月報》、《覺社叢書》以及《海潮音》等，藉此了解《佛學叢報》的輿論及模式是否影響民國時期出版的佛教期刊。再者，佛教的大藏典籍亦為重要參考史料，含括《大正新脩大藏經》與《卍新纂大日本續藏經》等佛教文獻。[45]當中，如《卍新纂大日本續藏經》，內容包括《史傳部》、《本緣部》、《論集部》、《般若部》、《華嚴部》、《法華部》、《中觀部》、《瑜伽部》、《淨土宗部》、《禪宗部》等藏經部類，皆為研究傳統佛教思想與歷史所不可忽略的史料。本書並使用日本國會圖書館珍藏明治時期佛教史著作的相關史料，包括村上專精（1851-1929）編輯的《佛教史林》雜誌，境野哲（境野黃洋，1871-1933）所著的《支那佛教史綱》與其遺稿整編而成的《支那佛教精史》，井上政共的《最新研究通仏

---

[45] 大正新修大藏經刊行會編，《大正新脩大藏經》，冊1至冊100。河村孝照編集，《卍新纂大日本續藏經》，冊1至冊90（東京：株式會社國書刊行會，1975-1989）。

教》，以及東京大學史料編纂所編的《大日本史料》等，藉此釐清近代中國學者佛教歷史書寫的日本因素。

第三節　本書架構

本書以1912年由狄葆賢創辦的《佛學叢報》為基底，將議題擴展至「佛教與國家：近代國家建構對佛教經濟基礎的挑戰」、「知識轉型：佛教歷史的近代書寫與歷史觀之形成」，以及「信仰轉型：佛教信仰認知的重新建構」三個面向。

第二章主要處理《佛學叢報》的專欄類別與所收錄的文章類型，從中理解《佛學叢報》在當時關心的時代議題，這些議題代表了編輯者與作者們在佛教近代轉型的情境裡，找尋佛教所處的位置，試圖為佛教作一種定位。

第三章關注的是《佛學叢報》如何討論佛教是出家不問世事的山林佛教，還是要積極的參與政治、參與各種事務的入世佛教。主要以期刊中談論最多的廟產爭訟問題、居士的「中華佛教會」與僧界的「中國佛教聯合會」成立之意義，以及佛教制度改革的實行，就此三個論題來審視。

第四章以「知識轉型」的視野，專門討論佛教傳統的歷史書寫方式與歷史觀的詮釋，到了近代產生的變化。在傳統與近代交錯的時代格局裡，1902年梁啟超〈新史學〉的史學思想革命倡議注重科學史學、啟蒙史學與演化史觀，[46]影響了近代中國歷史的研究方向。於此同時，1912年中華民國成立之初，中國佛教歷史研究於《佛學叢報》中顯露繼往開來的關鍵意涵。《佛學叢報》的作者，

---

[46] 黃克武，〈梁啓超與中國現代史學之追尋〉，《中央研究院近代史研究所集刊》，期41（臺北，2003），頁181。

在傳統判教的論述基礎上，採用西方客觀的、科學的、以史料為主之更宏觀的角度書寫佛教歷史。此種排除「喜偏護所宗一派學說」的史觀，[47]形成一個佛教歷史「知識轉型」的概念。

第五章探討佛教信仰認識的轉變。傳統佛教包括佛學與信仰兩個層面，在信仰的層面上，近代以前很少人會以是否符合理性與科學來審視，近代以後在科學衝擊之下，轉型時期的佛教信仰世界被重構，知識分子們開始用科學理性檢視所謂的「信仰」。可以說，佛教的近代轉型特徵，即逐漸脫離高談心性，走向與社會結合具有入世精神的佛教，除了保存傳統義理，很大部分已與科學式的新學作結合，這種結合融會出不同於傳統佛教信仰的新思潮，體現於《佛學叢報》之中。

中國佛教在清末民初新舊交替的大時代環境裡，和國家社會間的依存關係，佛教歷史書寫與歷史觀形成的轉變，以及佛教內部信仰本質所面臨的問題與因應態度，皆為本書思考之近代佛教的轉型議題。近代隨著國家社會政治文化的變遷，以及日本明治維新以來學術研究的成果，不僅影響中國一代知識分子，也影響了佛教界試圖振興的動力來源。佛教的近代轉型是如何形成，對於之後起了何種歷史作用，此議題無論是對近代史或是佛教史研究者來說，均為理解近代多元思潮中的重要歷史面向。

---

[47] 呂澂，《佛教研究法》，黃懺華，《佛學概論》（揚州：廣陵書社，2009），頁48。

第二章
初試啼聲：民國首份中文佛教期刊
──《佛學叢報》

　　民國時期百餘種佛教刊物的出版，是中國佛教史上特殊的繁榮景象，這與清末民初中國出版業近代化的轉型，有相當程度的密切關係。此種轉型與中國近代社會和文化的發展過程同時進行，在與社會文化的互動中，不斷形塑出新的產業型態和新的文化功用。中國近代新式出版最初發軔於外國傳教士的出版活動。第二次鴉片戰爭以後，清政府為「師夷之長技以制夷」，進行洋務運動，創設京師同文館譯書處、江南製造局翻譯館等新式出版機構。甲午戰後，救亡圖存的思想高漲，民族危機的刺激，引發了維新變法，維新志士以期刊、報紙等為宣傳工具，編譯出版西學新書報刊，日譯西書大量輸入中國，民營出版業開始崛起，標誌著出版業近代化轉型的初步完成。[1]此時期的中國出版業逐漸以新式技術取代傳統出版，在這過程中，傳教士、官府、改良派、革命派、實業家都積極參與其中，從各不同層面推動晚清出版業的發展。[2]民國以後的出版業，承接晚清時期近代意義上的新式出版，民營出版業的主體地位

---

[1]　吳永貴，《民國出版史》（福州：福建人民出版社，2011），頁17。
[2]　吳永貴，《民國出版史》，頁1。

更加鞏固，市場化運作的方式也更成熟。[3] 民國佛教的出版事業，即在此脈絡發展中產生。

清末以降，江蘇刻經事業發達，除楊文會在南京創辦金陵刻經處外，還有揚州江北刻經處，蘇州瑪瑙經房、蘇州洞庭山祇樹庵、常州天寧寺等刻經場所，出版了大量佛教經書和佛像，北京、天津、浙江、四川、湖南、廣東等地，均有佛經流通之所。[4] 然上述出版流通的佛教經書，多為木刻雕版，內容較艱深，印刷量較少，價錢較高，一般學佛之人，多無力購讀。[5] 近代以來，印刷術的革新，使得佛教出版事業也隨之興盛，特別是作為經濟文化中心的上海，印刷業發展快，上海也成為中國近代佛學刊物的發源地。這些佛教刊物，對宣揚佛教學理，發展佛教文化，均起了一定程度的作用。此外，佛教刊物包含了佛教史料，有正書局所出版民國時期第一份佛教刊物《佛學叢報》，內容收錄民初佛教界的事件與關於宗教條例與政府往來的文書等一手文獻，對於近代佛教發展的研究，實有參考價值。

值得注意的是，《佛學叢報》的創辦者和投稿文章的作者，除了出家僧人外，許多皆為當時著名的革命家、教育家、學者，或是商業界的顯赫人物，他們與佛教界往來頻繁，多深入參與佛教事務。傳統以寺院和僧人為佛教主體的情況已慢慢轉變，居士團體蓬勃興起，僧俗兩大主流相互間的相得益彰，抑或因不同共識所產生的摩擦，鋪陳出民國佛教的多元面貌。於此認知下，本章旨在藉由《佛學叢報》的創辦背景、創刊者、編者與作者群的組成，以及專欄形式的設定，來理解此刊物在當時的時代環境中，反映出何種佛

---

[3] 吳永貴，《民國出版史》，頁43。
[4] 范觀瀾，《中國佛教發展史述略講義》（臺北：萬行出版社，2011），頁204。
[5] 游有維，《上海近代佛教簡史》（上海：華東師範大學出版社，1988），頁110。

教文化思潮的具體情況？代表著何種意義的存在價值？藉此釐清民初佛教轉型過程中的具體面向。

第一節　狄葆賢、有正書局及《佛學叢報》

　　清末民初時期的中國佛教，在時代的大環境中，一方面為充實中國佛教的學術，開始從日本取經，藉由日本吸收西方範式；另一方面為朝向大國宗教的目標，認為佛教與學術必須走出寺院，走進社會。職是之故，佛教兩大支線逐漸通力合作，這兩大支線分別為佛教界與學術界，前者為續佛慧命，復興佛教，如釋太虛提出教理、教制，及教產三大革命的主張；[6]後者用近代學術研究方法來表述，介紹並闡揚佛法，《佛學叢報》的創刊，可說是第二條支線的代表之一，亦為現代性的表徵。本節旨在探討《佛學叢報》的創辦者、創辦背景，以及出版書局，在民國初創之際，扮演著何種角色。

一、狄葆賢創辦《佛學叢報》背景過程

　　《佛學叢報》創辦人狄葆賢，字楚卿，一字平子，又號平等閣主，江蘇溧陽人，為清末民初著名的新聞出版家。早年抱革新思想，主張與康有為、梁啟超相近。光緒24年（1898）戊戌變法失敗後，康、梁逃往日本，狄葆賢與《湘學報》主筆唐才常（1867-1900）在上海組織中國獨立協會，意圖大舉。光緒26年（1900）庚子拳亂，八國聯軍入京，唐才常為挽救時局，邀請上海維新志

6　1912年，中國佛教會首任會長釋敬安（1852-1913）在北京圓寂，佛教界在上海靜安寺舉行追悼大會，太虛大師在會上首次提出「教理」、「教制」和「教產」三大革命口號，主張佛教革新，建立新的僧伽制度。釋道禮，〈清末民初太虛大師佛教護國維新理念初探〉，《圓光佛學學報》，期26（桃園，2015），頁190。

士，開國會於張園。到會者有容閎（1828-1912）、嚴復（1854-1921）、章炳麟、宋恕（1862-1910）等人。公推容閎為會長，嚴復為副會長，唐才常為總幹事，狄葆賢等人為幹事。唐才常領導的自立軍勤王之役，狄葆賢擔任捐募款及購置軍火工作，事敗，唐才常被殺，狄氏避居日本。[7]自漢口自立軍起義失敗後，狄葆賢即灰心於武力運動，乃於光緒30年（1904）6月12日創辦《時報》於上海，羅孝高（1876-1949）為總主筆，雷繼興（1871-1919）與陳景韓（1878-1965）為編輯。同時創辦《畫報》與《民報》，《畫報》隨《時報》贈送。[8]狄氏所著《平等閣筆記》及《平等閣詩話》，亦刊載於《時報》及《佛學叢報》。

　　入民國後，狄葆賢革新《時報》內容和體例，並增出教育、實業、婦女、兒童、文藝、圖畫等週刊，文字通俗生動，因其內容與辦報方式新穎，受到當時中國知識界的青睞，如胡適就是《時報》的忠實讀者。胡適曾回憶：「《時報》的貢獻是在十七年前發起了幾件重要的新改革，這幾件新改革因適合時代的需要，故後來的報紙也不能不盡量採用，之後就漸漸成為了中國日報不可少的制度。」[9]狄葆賢除創辦時報館辦《時報》，又經營有正書局，1912

---

[7] 狄葆賢，《平等閣筆記》（臺北：世界書局，1971），頁1-4。

[8] 宋原放主編；汪家熔輯注，《中國出版史料（近代部分）》，卷3（武漢：湖北教育出版社，2004），頁591。

[9] 胡適在1904年初，從徽州來到上海，尋求當時所謂的「新學」。胡適進入梅溪學堂後近兩個月，《時報》便出版了。那時正值日俄戰爭初起，全國人心撼動，但當時幾家老報紙，仍舊刊登那些古文的長篇論說，固守先前遺傳下來的老格式與老辦法，故不能供給當時的需要，就連當時比較稍新的《中外日報》，也不能滿足許多人的期望。《時報》應此時勢而生，其內容與辦報方式，也確實能打破上海報界的許多老習慣，開闢許多新法門、引起讀者的新興趣。職是之故，《時報》出版之後，不久便成為中國知識階級的一個寵兒。胡適在上海住了六年，幾乎沒有一天不看《時報》的。胡適回想當時他們那些年輕人，何以如此愛戀《時報》？他覺得有兩大原因：「第一、《時報》的「短評」在當日是一種創體，做的人也聚精會神的大膽說話，故能引起許多人的注意，故能在讀者的腦筋裡發生有力的影響。」「第二、《時報》在當日確能引起一般少年人的文學興趣。……《時報》出世以後每日

年的《佛學叢報》就是在此誕生，狄葆賢延佛學基底深厚的濮一乘擔任《佛學叢報》主編，以文字宣揚佛法。後來釋太虛亦受此啟發創辦《佛教月刊》與《覺世叢書》。

作為民國元年首推的佛教期刊──《佛學叢報》，從1912年10月出版至1914年6月為止，共出十二期，根據史瑞戈的研究，可得知《佛學叢報》是第一本專業化的中文佛教期刊。[10]關於《佛學叢報》的創刊，雖然包天笑（1876-1973）曾說是「玩票性質」，[11]但在佛教研究者眼中卻並非如此。先從《佛學叢報》的創立宗旨來看：

> 中華民國元年，實維釋迦牟尼文佛應世之二千九百三十九年。佛學叢報將卜吉出版。……邦基初建，天命維新，上下危疑之秋，存亡絕續之會，倫理之藩籬已破，功利之思想方張。……將以解無為之謗，釋迷信之疑。編志獨取真詮，流布不同世諦，融通哲理，誘掖初機。默正人心，潛移劫運，促人類之進步，保世界之和平。分類十門，不敢略也。期月一冊，不敢濫也。[12]

登載『冷』或『笑』譯著的小說，有時每日有兩種冷血先生的白話小說，在當時譯界中確要算很好的譯筆。他有時自己也做一兩篇短篇的小說，如《福爾摩斯來華偵探案》等，也是中國人做新體短篇小說最早的一段歷史。……《時報》當日還有《平等閣詩話》一欄，對於現代詩人的紹介，選擇很精。詩話雖不如小說之風行，也很能引起許多人的文學興趣。我關於現代中國詩的知識差不多都是先從這部詩話裡引起的。我們可以說《時報》的第二大貢獻是為中國日報界開闢一種帶文學興趣的『附張』。自從《時報》出世以來，這種文學附張的需要也漸漸的成為日報界公認的了。」胡適，〈十七年的回顧〉，收錄於胡適，《胡適文存》，集2卷3（上海：上海書店，1989），頁1-8。

[10] Gregory Adam Scott, *Conversion by the Book: Buddhist Print Culture in Early Republican China*, p. 136.

[11] 包天笑，《釧影樓回憶錄》，冊中（臺北：龍文出版社，1990），頁497。

[12] 〈發刊辭〉，《佛學叢報》，期1（上海，1912），頁1-2。

職是之故，知其核心關懷是在中華民國創立之初的新時局裡，解決人們對於佛教的毀謗和破除迷信的迷思，運用哲學理論來導正人心，最終達到使人類進步，促進世界和平為目標。1929年蔣維喬於其所寫的《中國佛教史》，論述「民國以來佛教之曙光」提到：

> 研究佛教各團體，多有刊行雜誌，以發表心得，兼溝通僧俗兩界消息者；此亦昔時所未有，民國以來方產生者也。最初發刊者，有《佛學叢報》；於民國元年十月出版，其中頗多佳作；惜至民國三年，即以費絀而止。此後則有武昌佛學院之《海潮音》。[13]

由此可知，民初以前，並無佛教團體發行的雜誌，迨至民初，以《佛學叢報》為首的佛教雜誌，率先為佛教僧俗兩界人士搭起一座溝通往來的平台，且《佛學叢報》所刊登的文章，許多都具有開創性的價值，值得研究者關注。

釋塵空（1908-1979）於《海潮音》曾發表〈十五年來之佛教出版界〉，指出清末楊文會成立金陵刻經處，之後揚州各大寺院也開始有刻經之舉，然這都是翻刻舊物，新著雜誌報章等尚未萌芽，直到民國元年始有《佛學叢報》出世，認為這是中國佛教雜誌的新紀元，月刊中的始祖。塵空關於創刊背景也有其看法：

> 當時民國肇基，革命猶烈；而生存競爭，及各盡所能各取所需之學說猶足煽惑人心，萎靡不振的佛教幾乎不能立足於

---

[13] 蔣維喬，《中國佛教史》，頁257。

　　社會。一般熱心佛法的大德和居士，要想提高佛教，宣揚教
　　義，駁解社會人對於佛教的謬誤，於是出了這本叢報，這正
　　是應運而生的法寶。[14]

引文所述，《佛學叢報》的創辦背景，是在1912年辛亥革命成功，
民國肇建，然社會依然動盪，充斥各種學說，中國佛教的處境在深
受打擊之情況下，一批熱衷於佛法的居士學人，為解世人對佛教的
謬誤而出此刊物。

　　同為《海潮音》的作者慈渡則認為：「社會情形經過一次大
的變化，尤其自命為教育家，掛著提倡教育為口頭禪，到處提寺
產逐僧，說佛教是迷信，一般熱心佛學之士，出此叢報，解其錯
謬。」[15]引文所述為從清末延續至民初的「廟產興學運動」，對
中國佛教打擊甚大。光緒24年（1898），湖廣總督張之洞（1837-
1909）著《勸學篇》，看似朝廷理想規畫的廟產興學政策，卻誘發
地方官員及不法仕紳沒收廟產的情形，各地驅逐僧侶搗毀寺廟時有
所聞，抑或是佛寺被改做工廠，或是被兵營盤據，此一風波持續
三十年之久。[16]王爾敏對此曾評論：「張之洞的基本創說，表面看
來穩健溫和，然其發生之破壞力量，則足以於數十年內，傾覆佛
教。」[17]拙文也曾指出，廟產興學運動雖是近代佛教發展的危機，
但同時也可算是轉機。其一，廟產興學運動對於普及教育，以及提
高國民識字率有一定的貢獻。其二，許多有學識的僧侶與居士開始

---

[14] 塵空，〈十五年來之佛教出版界〉，《海潮音》，卷16期1（武昌，1935），頁
　　187。
[15] 慈渡，〈二十年來中國佛教的出版界〉，《海潮音》，卷13期1（上海，1932），
　　頁9。
[16] 黃運喜，《中國佛教近代法難研究》（臺北：法界出版社，2006），頁287。
[17] 王爾敏，《中國近代思想史論》（北京：社會科學文獻出版社，2003），頁180。

興辦僧學堂，如楊文會積極展開僧伽教育，培養佛教弘法人才，促使佛教走向近代化的發展，為近代佛教僧伽教育制度的發軔。[18]「廟產興學」亦是間接促成《佛學叢報》的辦刊因素。

　　釐清《佛學叢報》創刊背景後，接下來探究有正書局的經營模式。

二、有正書局的經營內容

　　經營有正書局其實是狄葆賢興趣使然，他本身信仰佛教，喜研經論，沈雲龍曾描繪狄氏性格：「葆賢工書畫詩，性耽禪悅，喜談佛理，故筆記於因果輪迴之記載甚夥。」又說有正書局是「印行碑帖名畫，以保存國粹提倡美術為主旨。」[19]狄氏所辦有正書局，運行工作裡最大的特色是用珂羅版精印中國古今名畫，出版《婦女時報》與《小說時報》，更和一批佛教界志同道合的朋友創刊《佛學叢報》，以及發行各種佛教經典等事務。釋塵空曾論述：「有正書局為狄楚青居士所開，他印有佛書佛像各數十種。佛經說：『資生事業，皆順正法。』學佛的居士開書店而能兼印佛書，這是謀生善擇其術者。」[20]在《佛學叢報》每期最後附錄「有正書局發行佛經流通所書目」中，除佛教經典外，最引人注目的是有正書局鑒於「近世研究佛學者益多，本局特恭印大幅，繪畫高妙，色相莊嚴，純無俗陋習氣，詠和供奉之用」，[21]而出了「五彩印描真金西方阿彌陀佛接引像」這種大幅精印佛像，每幅價格兩角，供佛教信徒買

---

[18]　倪管嬛，〈清末民初江蘇居士楊文會的佛教教育（1851-1911）〉，《史苑》，期71（臺北，2011），頁46。

[19]　狄葆賢，《平等閣筆記》，頁4。

[20]　塵空，〈十五年來之佛教出版界〉，《海潮音》，卷16期1（武昌，1935），頁190。

[21]　〈有正書局發行佛經流通所書目〉，《佛學叢報》，期1（上海，1912），頁末。

回供奉。

　　有正書局，發行所設在上海四馬路望平街；[22]編輯所在上海愛而近路均益里一百二十五號；有正書局的圖書是在上海海寧路有正印刷所印刷，於上海望平街、北京琉璃廠、天津東馬路的有正書局，以及南昌東湖邊承恩寺內的江西佛學會發行。[23]包天笑為《時報》編輯者之一，他曾回憶有正書局，相較於時報館，狄葆賢是「全力經營」。有正書局的發行所，就在望平街時報館的旁邊，印刷所又在狄葆賢的海寧路的住宅旁。說起狄氏的工作，其實花在有正書局的精神、時間，還比《時報》多。用珂羅版精印各種古今名畫，也是由狄氏創始的。狄葆賢雇用了兩名日本技師，訂了兩年合約，專管印刷古畫的事，又令他的廠中藝徒加以學習，所以不到日本技師兩年合約期滿，藝徒便已學會。到了後來，《時報》困窮，入不敷出，而有正書局卻藏有盈餘，於是以其盈餘，補其不足，《時報》得以支持數年下去，是靠有正書局的扶持。[24]

　　《上海宗教史》對有正書局評價甚高：「值得一提的，就是有正書局和醫學書局。這兩個書局，雖然不是專門出版佛教著作的書局，但它們所出的佛書，數量多，質量高，一時風行海上（上海），遍及全國。」並記載該局以鉛印小型本佛書為特色，先後出版經書佛教總數達到數百種。至1914年6月5日止，該局已先後出版經書佛像732種。之後又成為上海佛學書局的分發行所，發行各種佛教書籍。[25]

　　下表為《上海書業名錄（1906-2010）》收錄「有正書局」相關資料。

[22]　阮仁澤、高振農，《上海宗教史》（上海：上海人民出版社，1992），頁303。
[23]　〈佛學叢報價目〉，《佛學叢報》，期1（上海，1912），內頁第二面。
[24]　包天笑，《釧影樓回憶錄》，冊中，頁495。
[25]　阮仁澤、高振農，《上海宗教史》，頁302-303。

表2-1　《上海書業名錄（1906-2010）》
收錄「有正書局」相關資料[26]

	書局名稱	東主姓名	經理姓名	股資	營業性質	地址及電話	備註
1906年上海書業商會會員名錄	有正書局						
1911年書業名錄	有正書局					棋盤街	
1917年上海書業同行一覽表	有正書局		狄楚青	獨資	發行所	望平街	
1917年上海書業同行一覽表	有正書局	狄楚青	黃葆祥	獨資	石印局（印刷所）	威海衛路	
1930年上海市書業同業公會會員名錄	有正書局		狄楚青	4萬（1929年營業額為3.5萬）		望平街	職工人數12人
1935年上海市書店調查	有正書局		笪子銳	15萬	書圖碑帖（附帶營業：佛經）	上海山東路205號	
1939年上海書局調查	有正書局		笪子銳		書圖碑帖（附售禮品）	上海山東路205號（電話92799號）	
1942年上海特別市書業同業公會會員名錄	有正書局		笪子銳				

資料來源：汪耀華編，《上海書業名錄（1906-2010）》（上海：上海書店出版社，2011）。

---

[26] 汪耀華編，《上海書業名錄（1906-2010）》（上海：上海書店出版社，2011），頁8、13、21、41、64、79。

　　據表所載，有正書局於1906年便已收錄於「上海書業商會會員名錄」中，至1930年為止由狄葆賢擔任東主及經理一職，1935年改由笪子銳接任。1930年營業總金額四萬元，職工人數十二人；1930年資本額四萬元；1935年資本額增加到十五萬元。可以想見，書局規模雖不大，但資金尚算充裕。狄葆賢經營有正書局至1930年，1935年由笪子銳接手經營，依然以圖畫碑帖為主，兼售佛經。

　　理解《佛學叢報》及有正書局的創辦背景後，下節將審視《佛學叢報》的撰稿者及讀者群是由哪些人物所組成。

第二節　讀者群及重要作者的組成

　　繼清末楊文會居士在南京開創的金陵刻經處，民初上海狄葆賢、丁福保（1874-1952），以及王一亭（1867-1938）等，接連於上海創辦佛教書局，出版發行單本佛經和佛學通俗讀本，價位低廉，使一般人都容易購得，通俗易懂，易引起一般人學習佛法的興趣，故對佛教教義傳播起了潛移默化的作用。[27]近代知識分子研究佛學的管道，多從佛教出版書局購得佛教書籍及期刊雜誌來閱讀，這些知識分子日記裡時常有著相關紀錄，其中關於有正書局及《佛學叢報》的記載甚多，如梁漱溟（1893-1988）的自學，最得力於雜誌報紙，許多專門書或重要典籍之閱讀，常是從雜誌報紙先引起興趣和注意，然後才找來閱讀，中國的經書乃至佛典都是如此。梁漱溟初尋佛典，起始於位在北京琉璃廠的有正書局，最喜愛《佛學叢報》中李證剛（名翌灼，1881-1952）的文章。[28]對於佛學也有深

27　游有維，《上海近代佛教簡史》，頁62。
28　梁漱溟：「我尋求佛典閱讀之，蓋始於民國初元，而萃力於民國三年前後。於其同時兼讀中西醫書。佛典及西醫書均求之於當時琉璃廠西門的有正書局，此為上海有正書局分店。據聞在上海主其事者，為狄葆賢，號平子，又號平等閣主，崇信佛

入研究的魯迅（1881-1936），最初接觸佛教書籍是梅光羲（1878-1947）[29]於1912年5月24日贈與他佛教會第一、二次報告各一冊，隔天魯迅就買了《觀無量壽佛經》來讀。《佛學叢報》於1912年10月發刊，同月19日梅光羲即贈魯迅《佛學叢報》第一號第一冊；不過魯迅真正投入佛學研究是受許季上（1891-1953）影響，從1914年開始大量從有正書局、文明書局等處購買佛教書籍，其中又以有正書局處購得最多。[30]晚清翰林葉昌熾（1849-1917）在日記中記載：「五月，初一日至有正書局（望平街）購《醴泉銘石印本》一冊，題曰唐搨，實則北宋拓……。」[31]釋太虛在回答淨悟清信女的疑惑時亦曾建議：「可於上海有正書局，購周安士所著《慾海回狂》一書，心會身踐之，亦即可以之感化愛慾者，使解脫愛慾。」[32]查閱《佛學叢報》的「問答」專欄，收到來自北京、南通、崇明縣、山

<hr>

法，《佛學叢報》每月一期，似即其主編。金陵刻經處刻出之佛典，以及常州等處印行之佛典，均於此流通，任人覓購。《佛學叢報》中有李證剛（翊灼）先生的文章，當時為我喜歡讀。」中國文化書院學術委員會編，《梁漱溟全集》（濟南：山東人民出版社，2005），頁669、692。

[29] 梅光羲，字擷雲，江西南昌人。光緒24年（1898）戊戌科舉人，光緒28年（1902）經尚書張冶秋奏派為京師大學堂藏書樓提調。次年任湖北農務局會辦、湖北武高等學堂監督。光緒30年（1904）夏，奉派入日本振武學堂學習。二年後畢業，因日俄戰事正熾，又入日本早稻田大學政治經濟部學習。光緒34年（1908）學成回國，任湖北全省地方自治局總辦，復調任湖北高等農業學堂監督。梅光羲一生，在投身官場的同時，篤信佛學。早在光緒27年（1901），就經友人桂伯華介紹，得識佛學界名人楊文會，在聽其講授《起信論》後，即皈依佛法，並遊學於楊文會之祇洹精舍，於唯識亦鑽研頗深。1920年出版的《相宗綱要》，以其內容的精闢，為佛子學人所讚譽。著有〈相宗新舊兩譯不同論〉、《相宗綱要續編》、《宗鏡錄法相義節要》、《高僧傳節要》《佛學啟信編節要》、《六道輪迴錄節要》《禪宗法要》、《六道集節要》《居士傳節要》等書。與歐陽竟無及李證剛三人被譽為「民國江西佛教三傑」，與山東夏繼泉（1884-1965）被尊為「南梅北夏」。參見梅光羲，《梅光羲著述集》（北京：東方出版社，2014），頁1-11。

[30] 魯迅，《魯迅日記》，冊1（北京：人民文學，2006），頁19。

[31] 葉昌熾著，王季烈輯，《緣督廬日記》，卷15，收錄於吳相湘主編，《中國史學叢書》（臺北：臺灣學生書局，1964），甲寅五月初一，頁32b。

[32] 釋太虛，〈答淨悟清信女問〉，收錄於太虛大師全書編纂委員會編纂，《太虛大師全書》，（雜藏：酬對（二）），頁331。

陰，以及蕪湖等地人士的來函，請益佛學，當中不乏有佛教居士，也有羅哲這位北京清河鎮陸軍第一預備學校的人物。

　　審視《佛學叢報》的撰稿者，主編濮一乘為主筆，創辦者狄葆賢也將其著《平等閣筆記》部分刊載。供稿者主要為當時的高僧大德、佛教居士，以及一些知識分子與社會名流。高僧大德方面，有中華佛教總會第一任會長－八指頭陀釋敬安，是位「愛國詩僧」，一生寫有一千九百餘首詩，《佛學叢報》登載敬安多首詩詞。與孫文（1866-1925）結深厚友誼的烏目山僧釋宗仰（1865-1921），叢報有收錄其與蔡元培及章炳麟的往來信件，內容關心著佛教界於民初的現況。畢業於上海復旦大學，與胞兄謝無量（1884-1964）官費留學日本的釋萬慧（1889-1959），出家後行腳於中、印、緬、星馬各地，從事中、印佛教交流；幫助緬甸宣傳「反英愛國民族運動」，之後移居緬甸，在仰光九文臺華僑中學任英文教師，並與英人魯士教授譯述多本中國史籍。[33]於清末與楊文會合作共議復興印度佛教的印度僧人達摩波羅，1913年受邀至尚賢堂演說，其講稿〈佛學社會關係論〉亦刊載於《佛學叢報》中。另有天台宗四十三祖釋諦閑（1858-1932）；復興華嚴宗的釋月霞（1858-1917）等著名僧人。當中值得一提的作者是淨土宗十三祖釋印光（1862-1940）。史瑞戈的研究指出，印光本閉關於浙江普陀山，後經高鶴年來訪，帶走其作品至上海刊登於《佛學叢報》，[34]這位以釋常慚與普陀僧為筆名的作者初試啼聲，開始受到大眾關注。楊凱里認為：「佛教得以和近代民眾政治、文化的轉型同步，重塑群眾信仰的面向，印光看似僅代表民國佛教運動中

---

[33] 中國人民政治協商會議四川省樂至縣委員會文史資料研究委員會編，《樂至文史資料選輯 第10輯》（四川：國營樂至印刷廠，1987），頁22-26。

[34] Gregory Adam Scott, *Conversion by the Book: Buddhist Print Culture in Early Republican China*, p. 144.

的一翼，然其鼓動之功，誠不可沒。」從1920年代起，印光所領導的淨土運動長達二十餘年。[35]

　　令人注意的是，佛教居士是《佛學叢報》組織主體，民初居士創辦的佛教會，主要會員多為叢報裡居士身分之創辦者與投稿者，且這些居士們大多也是清末楊文會居士之學佛弟子，各有佛學專項。據歐陽漸（1871-1943）《楊仁山居士傳》稱：「惟（楊文會）居士之規模弘廣，故門下多才。譚嗣同善華嚴，桂伯華善密宗，黎端甫善三論；而唯識法相之學，有章炳麟、孫少侯、梅擷芸、李證剛、蒯若木、歐陽漸，亦云夥矣。」[36]《佛學叢報》的供稿居士中，黎端甫善三論，三論是佛教典籍的《中論》、《十二門論》，以及《百論》，黎氏於叢報上連續刊載之〈法性宗明綱論〉，即是三論宗。梅光羲（1880-1947）以《大智度論》與《中論》為基底，撰〈般若略說〉。李翌灼（李證剛，1881-1952）在叢報上連載的《西藏佛教史》，是民初時期完整介紹西藏佛教的著作。楊文會大弟子歐陽漸，則是將佛教唯識宗論書《觀所緣緣論》的註釋書《觀所緣緣論釋》加以深化解釋，寫下〈觀所緣緣論釋解〉刊登於叢報。治學極為淵博的章炳麟，於佛學特別是唯識學有深入研究，藉由《佛學叢報》刊登其與釋宗仰的往來信件，亦可看出章炳麟醉心於佛教經典的刊刻，偶得一本梵文《阿彌陀經》，閱讀完後將其心得寫下寄予宗仰，請求教誨。[37]

　　知識分子方面，有1912年時任臨時政府第一任教育總長的蔡元

---

[35] 楊凱里（Jan Kiely）著；陳亭佑譯，〈在菁英弟子與念佛大眾之間——民國時期印光法師淨土運動的社會緊張〉，收錄於康豹、高萬桑主編，《改變中國宗教的五十年1898-1948》，頁363。

[36] 歐陽漸，〈楊仁山居士傳〉，王雷泉編選，《歐陽漸文選》（上海：上海遠東出版社，2011），頁419。

[37] 太炎，〈致宗仰上人書〉，《佛學叢報》，期1（上海，1912），頁6-7。

培（1868-1940），其撰寫的〈佛學商榷書〉討論到唯識學及靈魂觀，足見清末以來風靡一代知識分子的唯識學持續至民初仍在討論。康有為偕次女康同璧（1883-1969），遊印度雞足山伽耶塔時所寫下的詩詞，也收錄於《佛學叢報》中。活躍在清末民初佛教界的梁啟超，始終懷抱「經世救國」的理念，其佛學思想是包括純理論的研究，和現實的實踐方針，[38]為《佛學叢報》撰文〈論佛教與國民之關繫〉，體現運用佛教道德「救國育民」的中心脈絡。又有如高鶴年與陳方恪幾位作者，均曾依止楊文會學習佛學。高鶴年耗費三十五年參訪中國各地，將所見所聞詳細記錄寫成《名山游訪記》，陸續刊載於叢報，並由濮一乘為其提綱：「鶴年居士，早歲發心，頻年參訪，足跡殆盡天下，茲以雲水所經，著為游訪之記。」[39]遂成為民國時期著名的行腳遊記。

　　釐清《佛學叢報》的作者與讀者，有助於我們理解以《佛學叢報》為中心的人物脈動。至於由狄葆賢這位活躍於清末民初的新聞家，加上佛學家濮一乘主編之《佛學叢報》，其欄位設計與內容編排呈現何種特色？下節將論述之。

第三節　《佛學叢報》欄位形式設計的特色

　　《佛學叢報》的欄位編排設定嚴謹有條，編輯材料設定「以佛學為限，不涉世法」，共分十一門類別。第一門附彩色圖畫，記錄當時佛教的歷史古蹟與名僧。第二門「論說」，提供關於佛教議題的文章，使讀者能深入解讀。第三門「學理」，特別收集取之不

---

[38] 倪管嬣，〈用佛教來救國：梁啟超佛學政治理念的建構〉，《史粹》，期28（臺北，2015），頁64。

[39] 鶴年，〈名山游訪記〉，《佛學叢報》，期3（上海，1912），頁1。

易的古代亡佚文章供讀者閱覽。第四門「歷史」，收錄當時著名的中、日佛教歷史書籍。第五門「專件」，提供佛教團體關於法律條文等事件之發聲及溝通往來的平臺。第六門「記事」，專載佛教界相關的新聞。第七門「傳記」，刊登近世佛學界重要人物及古代被大家遺忘的佛教先賢之傳記。第八門「問答」，讓不清楚佛教義理但有興趣研究的讀者刊登問題，並請研究佛學的專家於下期作解答。第九、十，以及十一門均收錄豐富的佛教學人的文集、雜記，以及佛教或有關於道德教化的小說。於此可看出此刊物的設定不僅限於教內人士，凡是對於佛學義理有興趣之人均可成為其讀者。

一、圖畫：綜覽亞洲各國佛教

共十二期的《佛學叢報》，除封面均為彩色印刷，每期第一門類亦為彩色圖像，以當時的「歷史遺跡，勝地風景，及名人畫像，採擇印行」，[40] 其時代背景特色可見一斑。茲將各期封頁及收錄圖畫列於下方。

圖2-1　《佛學叢報》封面一覽（一）
《佛學叢報》第一號封面。
資料來源：中央研究院中國文哲研究所圖書館
　　　　　線裝書室收藏（筆者拍攝）。

[40] 〈發刊辭〉，《佛學叢報》，期1（上海，1912），頁3。

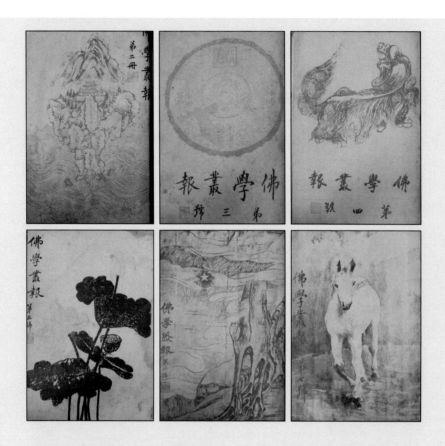

圖2-2　《佛學叢報》封面一覽（二）

1《佛學叢報》第二號封面。

2《佛學叢報》第三號封面。

3《佛學叢報》第四號封面。

4《佛學叢報》第五號封面。

5《佛學叢報》第六號封面。

6《佛學叢報》第七號封面。

資料來源：中央研究院中國文哲研究所圖書館線裝書室收藏（筆者拍攝）。

圖2-3　《佛學叢報》封面一覽（三）　　　　　　　　| 1 | 2 | 3 |
1《佛學叢報》第八期封面。　　　　　　　　　　　　| 4 | 5 |
2《佛學叢報》第九期封面。
3《佛學叢報》第十期封面。
4《佛學叢報》第十一號封面。
5《佛學叢報》第十二期封面。
資料來源：中央研究院中國文哲研究所圖書館線裝書室收藏（筆者拍攝）。

圖2-4 《佛學叢報》第一號收錄圖像（一）
1 密宗大悲觀音像。
2 佛塔頂旁佛像。
3 釋迦牟尼佛涅槃像。
資料來源：中央研究院中國文哲研究所圖書館線裝書室收藏（筆者拍攝）。

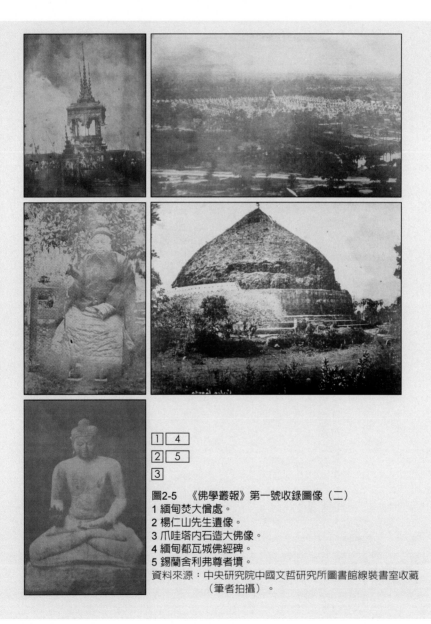

1	4
2	5
3	

圖2-5　《佛學叢報》第一號收錄圖像（二）
1 緬甸焚大僧處。
2 楊仁山先生遺像。
3 爪哇塔內石造大佛像。
4 緬甸都瓦城佛經碑。
5 錫蘭舍利弗尊者墳。
資料來源：中央研究院中國文哲研究所圖書館線裝書室收藏
　　　　　（筆者拍攝）。

圖2-6　《佛學叢報》第二冊收錄圖像（一）
1 宋人畫佛菩薩像。
2 明紫柏大師遺像。
3 須彌山。
資料來源：中央研究院中國文哲研究所圖書館線裝書室收藏（筆者拍攝）。

圖2-7　《佛學叢報》第二冊收錄圖像（二）

1 印度石刻。

2 印度美術古雕刻天人車乘圖。

資料來源：中央研究院中國文哲研究所圖書館線裝書室收藏（筆者拍攝）。

圖2-8　《佛學叢報》第三號收錄圖像（一）
1 江灣玉佛寺玉佛像（自錫蘭迎來）。
2 中華佛教總會會長寄禪上人字號八指頭陀遺像。
3 前清康熙書心經塔。
4 北京僧立龍泉孤兒院第四年紀念攝影。
資料來源：中央研究院中國文哲研究所圖書館線裝書室收藏（筆者拍攝）。

圖2-9　《佛學叢報》第三號收錄圖像（二）
1 普陀化身洞上（右）與洞下（左）。
2 印度之宮殿。
資料來源：中央研究院中國文哲研究所圖書館線裝書室收藏（筆者拍攝）。

圖2-10　《佛學叢報》第四號收錄圖像（一）
1 爪哇佛塔旁所雕刻佛像。
2 印度所刻佛像。
3 爪哇波羅普陀佛塔全影（地震後塔尖傾塌）。
資料來源：中央研究院中國文哲研究所圖書館線裝書室收藏（筆者拍攝）。

| 1 | 2 |
| 3 | |

圖2-11　《佛學叢報》第四號收錄圖像（二）

1 雲照律師遺像（日本真言宗阿闍黎）。
2 印度大佛龕。
3 爪哇波羅普陀佛塔頂。
資料來源：中央研究院中國文哲研究所圖書館線裝書室收藏（筆者拍攝）。

圖2-12　《佛學叢報》第五號收錄圖像（一）

1 丁南羽畫獻花供佛圖。

2 玉佛像。

3 舍衛祇樹給孤獨圖旁蒙古創陵地上刻石。

資料來源：中央研究院中國文哲研究所圖書館線裝書室收藏（筆者拍攝）。

圖2-13　《佛學叢報》第五號收錄圖像（二）
華嚴五山嘉禾東塔圖記。
資料來源：中央研究院中國文哲研究所圖書館線裝書室收藏（筆者拍攝）。

1

2

圖2-14 《佛學叢報》第五號收錄圖像（三）
1 嘉禾茶禪寺三塔圖記。
2 檀木雕觀世音菩薩像。
資料來源：中央研究院中國文哲研究所圖書館
　　　　　線裝書室收藏（筆者拍攝）。

圖2-15　《佛學叢報》第六號收錄圖像（一）
1 北京天寧寺塔。
2 北京龍泉寺首座清一老和尚影像。
3 北京臥佛寺之臥佛像。
資料來源：中央研究院中國文哲研究所圖書館線裝書室收藏（筆者拍攝）。

圖2-16　《佛學叢報》第六號收錄圖像（二）
1 北京戒台寺。
2 印度古石刻之宮殿。
3 北京喇嘛。
資料來源：中央研究院中國文哲研究所圖書館線裝書室收藏（筆者拍攝）。

圖2-17　《佛學叢報》第六號收錄圖像（三）
舍衛蒙古宮。
資料來源：中央研究院中國文哲研究所圖書館線裝書室收藏（筆者拍攝）。

圖2-18 《佛學叢報》第七號收錄圖像（一）
1 雍和宮大佛像。
2 金山六安老和尚小照。
3 北京碧雲寺。
資料來源：中央研究院中國文哲研究所圖書館線裝書室收藏（筆者拍攝）。

圖2-19　《佛學叢報》第七號收錄圖像（二）

1 北京玉泉山。

2 北京五塔寺。

資料來源：中央研究院中國文哲研究所圖書館線裝書室收藏（筆者拍攝）。

| 1 |
| 2 |

圖2-20　《佛學叢報》第七號收錄圖像（三）
1 印度佛塔。
2 爪哇波羅普國佛塔全影（塔尖修復後之攝影）。
資料來源：中央研究院中國文哲研究所圖書館線裝書室收藏（筆者拍攝）。

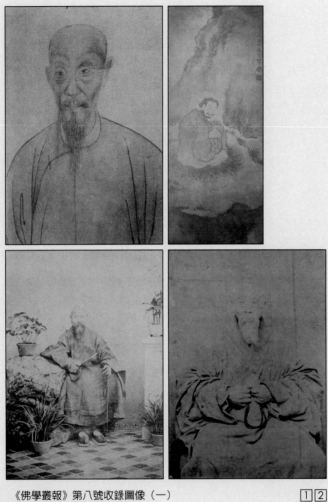

圖2-21　《佛學叢報》第八號收錄圖像（一）
1 彭尺木先生遺像（彭氏宗祠奉祀真影）。
2 湯雨生畫達摩面壁圖。
3 金山秋崖老和尚遺像。
4 金山大定老和尚遺像。
資料來源：中央研究院中國文哲研究所圖書館線裝書室收藏（筆者拍攝）。

圖2-22　《佛學叢報》第八號收錄圖像（二）
1 大鐘寺。
2 黃塔寺。
3、4 日本弘法大師手造辨才天如像真蹟攝像。
5 暹羅佛教徒之火葬。
資料來源：中央研究院中國文哲研究所圖書館線裝書室收藏（筆者拍攝）。

圖2-23　《佛學叢報》第九號收錄圖像（一）
1 唐人畫羅漢像。
2 天台宗講師諦閑上人道影。
3 日本貴族出家為尼者之肖像。
4 暹羅建造佛寺之工作。
資料來源：中央研究院中國文哲研究所圖書館線裝書室收藏（筆者拍攝）。

圖2-24 《佛學叢報》第九期收錄圖像（二）
1 南海普陀山之盤陀石。
2 西山之碧雲寺。
3 天平山之天平路。
資料來源：中央研究院中國文哲研究所圖書館線裝書室收藏（筆者拍攝）。

圖2-25　《佛學叢報》第十期收錄圖像（一）
1 唐人畫羅漢像。
2 常州天寧寺治開和尚小照。
3 舍衛之古禁城現為英駐兵所。
資料來源：中央研究院中國文哲研究所圖書館線裝書室收藏（筆者拍攝）。

圖2-26　《佛學叢報》第十期收錄圖像（二）
1 印度古佛寺（石刻皆梵文）。
2 印度皇與后當日所坐之船。
3 印度之古佛寺。
資料來源：中央研究院中國文哲研究所圖書館線裝書室收藏（筆者拍攝）。

圖2-27　《佛學叢報》第十一期收錄圖像（一）

1 河南少林寺明代石刻之婆提哈拉像（達摩祖師像）。
2 磬山妙參老和尚小照。
3 圖山楞嚴寺濟南老和尚小照。
4 爪哇珂羅吉多（意譯曰南海）。

資料來源：中央研究院中國文哲研究所圖書館線裝書室收藏（筆者拍攝）。

圖2-28 《佛學叢報》第十一期收錄圖像（二）
1 印度厄（基下）喇摩阿末廟。
2 冷根之歇維達根塔。
資料來源：中央研究院中國文哲研究所圖書館線裝書室收藏（筆者拍攝）。

1

2

圖2-29　《佛學叢報》第十二期收錄圖像（一）

| 1 | 2 | 3 |
| 4 | 5 | 6 |

1 地藏菩薩像。
2 日本大正博覽會之肉身坐化佛體。
3 普渡（陀）山頂石刻。
4 妙空和尚肖像。
5 妙空和尚墨跡。
6 朗照禪師未焚身前五十餘歲時之肖像幷記。（常慧法師，字朗照）
資料來源：中央研究院中國文哲研究所圖書館線裝書室收藏（筆者拍攝）。

圖2-30　《佛學叢報》第十二期收錄圖像（二）
1 孟達宙之阿拉根塔。
2 批哥塔。
資料來源：中央研究院中國文哲研究所圖書館線裝書室收藏（筆者拍攝）。

　　藉由各期圖像可得知，《佛學叢報》收錄圖片以佛教的「歷史遺跡」、「歷史畫像」、「名勝景點」，及「高僧法像」等為主要內容。值得注意的是，這些佛教圖像不限於中國境內，有取材自緬甸、印尼爪哇、錫蘭、印度、暹羅（泰國），及日本大正博覽會等，顯示當時中國佛教界的視野跨足東南亞與東北亞等地。其中也有重要歷史事件的紀錄，像是1913年2月1日第四期收錄之「爪哇波羅普陀佛塔全影」（見圖2-10），用圖片記憶地震後佛塔塔尖傾塌的情況，至1913年6月1日第七期取材的「爪哇波羅普國佛塔全影」（見圖2-20），則是塔尖修復後的佛塔樣貌；還有釋迦牟尼曾居住過的印度舍衛古城，拍攝時正為英軍駐兵所；其他像是印度皇帝與皇后所乘坐之豪華的船，記錄了印度獨立以前的皇室樣貌；印度古佛寺的梵文雕刻、皇宮的外觀，以及當時還稱為暹羅的泰國，其佛寺建造工作與佛教徒火化的儀式場景等也受到《佛學叢報》關注。

　　《佛學叢報》向讀者介紹中國本地的歷史遺跡與景點，主要以浙江普陀山與北京各漢藏佛寺為重點，收錄如清康熙所書心經塔圖，其為康熙44年（1705），康熙帝敕賜天童寺御書金字心經寶塔一幅，落款記康熙歲次乙酉二月南巡舟中書；還有北京僧立龍泉孤兒院第四年紀念攝影，傳遞中國佛教僧界創辦慈善機構收容孤兒的訊息；以及像是作為清朝皇家寺廟的北京雍和宮萬福閣樓裡供奉之大佛像，這尊由一根完整的白壇木雕刻而成之邁達拉彌勒大佛，於乾隆18年（1753）雕刻完成，共高二十六米，地上高十六米，地下埋八米，非常壯觀；另外如北京臥佛寺之臥佛像、北京天寧寺塔、北京戒台寺等，均為北京著名寺院；還有如普陀山海天佛國與盤陀石，或是浙江嘉禾茶禪寺三塔圖記等景點，可窺見當時中國佛教界所重視的佛教地域。

　　值得注意的是，高僧與居士像方面，第一期首頁收錄了中國佛

教復興之父楊仁山居士遺像，與同期首篇傳記〈楊仁山居士事略〉
相呼應，標幟著由佛教居士所辦之《佛學叢報》，傳承自楊文會居
士復興中國近代佛教之理念。其他期則置有明代紫柏大師（1543-
1603）、清代彭尺木（1740-1796）、中華佛教總會會長釋寄禪
（1851-1912）、雲照律師（日本真言宗阿闍黎，1827-1909）、北
京龍泉寺首座清一老和尚（1842-1916）、金山六安老和尚（1847-
1913）、天台宗講師諦閑上人（1858-1932）、出家為尼的日本貴
族、常州天寧寺治開和尚（1851-1922）、磐山妙參老和尚（1873-
1929）、朗照禪師（釋常慧，字朗照，1845-1914），[41]以及妙空和
尚（1826-1880）等像，均為一代高僧大德，《佛學叢報》也藉由
圖像介紹給讀者。

二、文章與報導

　　《佛學叢報》除第一門類專載圖畫外，其他十門類均為文章與
報導，各有其不同的特色所在。

1.論說與學理

　　《佛學叢報》第二門類「論說」與第三門類「學理」的徵稿要
求，顯現出該刊特色：

---

[41] 《淨土宗祖師及高僧的故事》記載：「民國常慧法師，字朗照，安徽霍山人，……
在光復（革命）之際，法師嘆念道德日喪，便想實行焚身計畫，以衛護佛法，挽救
人心。因被大眾勸阻，未能如願。民國3年（1914）陰曆4月17日半夜，法師在塔
院門外東牆根下，自備柴炭，積成小座，不讓任何人知道，自己端坐其上，舉火自
化，享年69歲。寺內聽得人說塔院起火，眾人急忙前來看視，見法師仍然合掌端
坐在火光中，已焚化過半了。最奇怪的是袈裟已成灰，而袈裟上的銅鉤，仍然懸在
法師肩上不墜落，可見法師端坐在上面，絲毫沒有移動過。法師自己在樹旁擺設香
案一個，爐香還未燃盡，可以想像法師是在從容禮佛之後，再舉火自焚。凡親眼見
到的人，無不發心敬禮。當時狄葆賢居士在寺內目睹，並出資在法師焚身的地方建
小塔，作為修行人的紀念。」福建莆田廣寺，《淨土宗祖師及高僧的故事》（福
建：福建莆田廣化寺佛經流通處，2002），頁217-218。

二、論說。論說之文，……但為不知佛學者說法，或評議佛
　　學之關於世諦者。故立義取乎平易，行文只求條達，不
　　敢以幽深之理，奧衍之文，驚世駭俗。

三、學理。以開闡專宗，提倡絕學為宗旨，不取浮濫之說。
　　以近世通人著述，及古代佚文為限，凡已經入藏或坊剎
　　刊布流通者，概不闌入。以下各門悉同此。[42]

於此可知，叢報「論說」門類，是為初學佛學者所寫，故必須文辭
簡潔通暢，平易近人，若內文過於深奧玄妙，則不錄用。「學理」
門類則以佛教各宗派學說為闡揚宗旨，並以近世學人著作與古代遺
失的文章為收錄對象，不擇錄已經編入《大藏經》或在民間已刊印
發行之文獻。這二門類亦跳脫傳統艱澀高深的佛學義理，以淺顯通
俗的文章讓普遍大眾易於理解。

2.歷史

　　佛教歷史著作收錄於第四門類──「歷史」。當中以島地默
雷與織田得能合著的《三國佛教略史》為主要連續譯刊書目。連
載的日譯書籍還有永井龍潤所寫《佛教歷史問答》。李翌灼輯錄
的《敦煌石室經卷中未入藏經論著述目錄》，則反映了自光緒25年
（1900）敦煌莫高窟藏經洞的發現，以及光緒34年（1909）法人伯
希和（Paul Pelliot, 1878-1945）來華與北京學界會面，掀起一股敦煌
學研究熱潮的現象。[43]李翌灼撰於民初的《西藏佛教略史》，也陸

---

[42]　〈發刊辭〉，《佛學叢報》，期1（上海，1912），頁3。
[43]　鄭阿財，〈二十世紀敦煌學的回顧與展望──中國大陸篇〉，《漢學研究通訊》，
　　卷19期2（臺北，2000），頁169-170。

續發表於該刊上，之後結集出版成為《西藏佛教史》一書，為中國近代介紹西藏佛教的歷史著述，全書聚焦佛教與西藏民族和政治之關係，還有西藏佛教的世界觀，以及佛教傳入西藏之發展過程與紹隆時代，最終討論西藏佛教的寺院、經典、法器、教育和禮節等，不失為一部研究西藏佛教值得參考的書籍。於此可見，《佛學叢報》中「歷史」門類刊載的史書，以日本與中國的近人著作為收錄對象，且不限於中國佛教，其西藏佛教史的連載也透露出民初對於西藏地區與藏傳佛教的關注。

3.專件與記事

　　民初佛教團體發布告知佛教界的事件和佛教新聞，均在第五門類「專件」與第六門類「記事」刊布。重要「專件」內容有1912年2月呈由南京政府內務教育兩部立案，1911年由僧界組織而成的「中華佛教總會」，因未與轉往北京的臨時政府接洽，「且召集國會在即，僧界屬國民分子，亦應籌畫進行方法，冀享民教平等權利」，會長釋敬安預定於10月26日進京與袁世凱（1859-1916）會面，待到北京之時，因閱內務部禮俗司通行各省之宗教寺廟條文，認為「實行後，僧界將立召破產之禍，而騷擾更不堪設想」，[44]因此一再向禮俗司磋商，不料談判破裂，敬安悲憤交集，突於11月10日在北京法源寺圓寂，中華佛教總會故發公函予佛教界告知此事。又有由佛教居士李翌灼、桂念祖（1869-1915）、歐陽漸、陳方恪以及濮一乘等人所創辦的「佛教會」，於1912年3月20日致書〈佛教會大綱〉與〈佛教會要求民國政府承認條件〉於當時任中華民國臨時大總統的孫文，請求民國政府承認，並得到孫文覆函應可。[45]

---

[44] 〈中華佛教總會公函〉，《佛學叢報》，期4（上海，1913），頁1-2。
[45] 佛教會，〈佛教會要求民國政府承認條件〉，《佛學叢報》，期2（上海，1912），

可以得知，無論是僧界的「中華佛教總會」或是佛教居士的「佛教會」，二者均於清末延燒至民初的廟產興學風波之背景下而成立。

「專件」值得注意的部分，有記錄佛教大藏典籍的〈南臺寺日本僧贈藏經記〉、〈頻伽精舍校刊大藏經告成普勸流通啟〉之《頻伽藏》的流通啟示。〈南臺寺日本僧贈藏經記〉記錄光緒29年（1903），日本曹洞宗第四十二代傳人水野梅曉（1877-1949）訪問湖南衡山祖庭南台寺，回日後偕同日本性海慈船禪師（森田悟由，1834-1915）、本願寺法主大谷光瑞（1876-1948），以及貴族院議員北垣國道（1836-1916）等，將宋代《宋藏》、明代《永樂北藏》、《高麗藏》、日本鐵眼和尚（鉄眼道光，1630-1682）彙編的《鐵眼藏》，以及島田蕃根（1827-1907）用《高麗藏》為底本並校對宋元明版而出版的《縮刷大藏經》，再加上《續藏經》，共五千七百餘卷，贈與南台寺，[46]從中可窺知近代中日佛教文化交流的面貌。

釋宗仰於〈頻伽精舍校刊大藏經告成普勸流通啟〉指出：「大藏經，猶之儒學中經史百家，無乎不備。」[47]上海頻伽精舍告知普勸流通的啟示，記錄1913年上海商人哈同夫婦（哈同，Silas Aaron Hardoon, 1851-1931；羅迦陵，Liza, R, 1864-1941）出資，由釋宗仰同章炳麟和王國維（1877-1927）等人，於上海頻伽精舍校堪編纂完成的中國第一部鉛印大藏經——《頻伽精舍校刊大藏經》，[48]由章

頁1-2。

[46] 王闓運（記）；瞿鴻機（書），〈南臺寺日本僧贈藏經記〉，《佛學叢報》，期10（上海，1914），頁1-2。

[47] 釋宗仰，〈頻伽精舍校刊大藏經告成普勸流通啟〉，《佛學叢報》，期6（上海，1913），頁2。

[48] 「清有雍正間之《龍藏》，則依明本而重刊者，乾隆間又有《續藏》之刊行焉。入民國後，有《頻伽藏》之纂輯，則據日本弘教書院本，益以《龍藏》《續藏》而成者，都八千四百四十六卷，頻伽云者，以藏為頻伽精舍主人哈同氏所主編也。」蔡念生編，《中華大藏經總目錄》，釋靈源，〈中華大藏經序〉，收錄於藍吉富主編，

炳麟作其序，並收錄於《佛學叢報》中。[49]此《頻伽藏》是繼清朝乾隆皇帝（1711-1799）修造《乾隆大藏經》之後，中國第一部私印鉛印版大藏經，[50]其校刊以日本弘教書院編印的《大日本校訂縮刷大藏經》為底本，《高麗藏》與《龍藏》和各經坊單刻的善本補足之，共計「經、律、論疏、語錄各書，凡一千九百十六種，八千四百十六卷」，[51]相較於中國歷代刻印的藏經，《頻伽藏》最終收錄的「日本諸宗部」，為其特色所在，於1909年至1913年出版。

　　專載民初佛教界新聞的第六門類——「記事」，篇幅最多的是關於廟產風波問題，且以上海縣的廟產糾紛為主要報導對象，有1912年7月，僧人和地方官廳訴訟的上海小天台寺一案；又有1912年到1914年，僧人和地方商團爭訟的上海地藏庵一案。廟產風波當中，中華佛教總會時常扮演替僧界護航與官方協調的重要角色，代表中國佛教界上書〈中華佛教總會呈請大總統保護佛教並送章程文〉予國民政府。「記事」尚有刊載1913年上海尚賢堂中外教務聯合會的美國傳教士李佳白（Gilbert Reid, 1857-1927），邀請釋月霞（1858-1917）演講，略述「佛教之希望」一題。[52]1914年釋月霞於

《大藏經補編》，冊35，號194（臺北：華宇出版社，1985），頁13上3。

[49] 章炳麟於序中說明：「《大藏經》八千餘卷，譯文始漢終元。而東方古德著述附焉。諸經本以《般若》發端，今從晚明旭大師所定，自《華嚴》始，則日本弘教書院印本也。故書文字參錯，主以麗藏，記其異同，校讎之功備矣。金山宗仰上人，向以禪定蟄居退閒，潛今之沙門，喜離文字而談實相。末流猥雜，不自墮於啞羊，則恣意為矯亂論。弟子頻伽舍主，承其師意，發憤厄工，重槧是本，經始弗極，彈指而成。」太炎，〈頻伽精舍校刊大藏經序〉，《佛學叢報》，期1（上海，1912），頁7-9。

[50] 沈潛，〈論黃宗仰與《頻伽藏》的校刊及其貢獻〉，《世界宗教研究》，期4（北京，2009），頁42。

[51] 上海頻伽精舍，〈上海頻伽精舍大藏經流通處廣告〉，《佛學叢報》，期12（上海，1914），頁1-12。

[52] 〈中外教務聯合會請佛教法師演說〉，《佛學叢報》，期11（上海，1914），頁1-4。

上海哈同花園創辦的中國第一所佛教大學——華嚴大學，刊登了章程與課表，預告招考，除年齡限制為二十歲至三十五歲之品格優良且文理通達能閱經疏的僧人與居士，還需有「本埠政商學界諸君為本校所認識者」或「本埠各寺住持為本校所認識者」的入學介紹等要求。[53]又有記載臺灣基隆月眉山靈泉寺住持釋善慧（1881-1945），偕靈泉寺知客沈德融（1844-1977）與宜蘭昭應宮住持黃雪凝來上海參觀佛教總會，「擬聯合諸方共行布教事宜。」[54]中華佛教總會在各地擴張的情況亦在記事類報導，包括刊登川東支部的章程與常熟縣分部的簡章，以及總會公刊的〈佛教總會之擴張〉，提到佛教總會由釋性海等人提倡以來，「日臻發達，南北各省分會，多已成立。現聞復招致蒙藏紅黃喇嘛多人，一律加入。」[55]擬舉章嘉活佛（章嘉呼圖克圖，1890-1957）為名譽會長，班禪（第九世班禪，額爾德尼圖丹曲吉尼瑪，1883-1937）為名譽副會長。

　　上述所論，如實反映民初佛教界境遇的「記事」門類，除記載中國佛教的動態，包括影響佛教界最深的廟產風波，或是公告開辦佛教大學，以及中華佛教總會的擴張擬推展至蒙藏地區等事宜，也可看到民初上海佛教界與臺灣佛教界以及西方基督教傳教士往來之情形。

4.傳記

　　第七門類「傳記」，刊旨以「表彰近世佛學界偉人，及古德之漸就湮沒者」為收錄對象。[56]首篇專載〈楊仁山居士事略〉，記錄

53　〈華嚴大學緣起預白待校舍完工再為登報招考〉，《佛學叢報》，期10（上海，1914），頁1-6。

54　〈臺灣布教師來滬參觀佛教〉，《佛學叢報》，期11（上海，1914），頁4。

55　〈佛教總會之擴張〉，《佛學叢報》，期7（上海，1913），頁3。

56　〈發刊辭〉，《佛學叢報》，期1（上海，1912），頁4。

楊文會這位復興近代中國佛教先驅者的生平，其主要貢獻為創立金
陵刻經處，專事刻經；並從日本蒐購唐、宋古德遺帙著書；更創辦
具近代化雛型的佛教新式學校——祇洹精舍。[57]還有由陳方恪登載
的《續居士傳》，主要介紹「羅有高」（字臺山，1733-1778）與
「汪縉」（字大紳，1725-1792）這兩位居士：

> 羅居士，……年十六，……交雩都宋昌圖，贛縣鄧元
> 昌，勸以學儒書，兼授以宋明諸儒性命大旨。……尤樂於明
> 道、象山、陽明、念菴，而上復於六經孔孟之奧。……至京
> 師，獲交吳門彭居士紹升，相見極得，尤以西來性命之學相
> 切劘。旋罷試南，歸過蘇，得識汪居士縉。彭汪皆當世俊
> 彥，為學務徹藩籬，會儒釋。[58]
> 汪居士，……十六入塾，即喜讀明人書，尤愛陽明理
> 學。……年三十一，補吳縣學生，居恆講藝，不復仕進。與
> 長州彭紹升，寧都羅有高遊，以為平生相知者，莫與若也。
> 居士之學，先專精於儒，著三錄，多根極理要，而必招致歸
> 於釋氏。篤信蓮宗。[59]

引文所見，羅、汪二居士同為清儒，識彭紹升（號知歸子，法號際
清，1740-1796）後，由儒入佛，三人相交莫逆，共談佛學，一時
傳為美談。彭紹升除請汪縉與羅有高為其撰述的《居士傳》和《無
量壽經起信論》作序，彭氏所集的《二林唱和詩》，也是與汪、羅

---

[57] 〈楊仁山居士事略〉，《佛學叢報》，期1（上海，1912），頁133-137。
[58] 陳方恪，〈續居士傳：羅臺山〉，《佛學叢報》，期2（上海，1912），頁1。
[59] 汪縉著有《汪子詩錄》、《汪子文錄》、《汪子二錄》，以及《汪子三錄》。陳方
   恪，〈續居士傳：汪大紳〉，《佛學叢報》，期3（上海，1912），頁1。

一起完成。[60]

　　繼陳方恪《續居士傳》後，孫式海、張宗儒以及馮毓孿，也撰述「專西大師」、「越岸法師」以及「寄禪和尚」這幾位出家僧人的傳記。孫式海記述專西大師為浙東芳城人，十八歲到小靈山戒庵德祖座下出家，「冬夏一衲，赤足露頂，堅持戒行，專心淨土。其於禪淨不二之奧，洞澈玄妙，故海內諸善知識，無不接許，世所稱為赤腳大師者是也。」高僧傳記除讚揚高僧的修道行誼，常免不了記載道行高深而發生的靈感事蹟，〈專西大師略傳〉便記載了一段靈感故事，光緒辛巳秋（1881），專西結束雲遊參禪，歸小靈山，時值大旱，「縣令孫公，憂心如焚，朝夕祈禱，迄未有效。」故請來專西大師，「是夜師苦切懇，終宵頂禮，果於丁巳下午，大雨若注，郊源水足。」孫縣令感激之餘，手書「鉢龍降澤」四字

---

[60]　〔清〕劉錦藻所撰《清朝續文獻通考》，記錄到彭紹升其人：「紹升，字允初，號尺木，江蘇長洲人，乾隆丁丑進士。臣謹案，紹升專心淨業，敝屣榮華，自捷南宮，即辭撫仕歸。既無用世之志，更何有於身後之名。然古文、宗法、震川詩亦功力極深，論乾隆一朝文學者，要不能不數及之也。」劉錦藻，〈經籍考21‧集‧別集中〉，《清朝續文獻通考》，卷277（臺北：臺灣商務印書館，1987），頁10225。引文所見，彭紹升儒學功底深厚，為乾隆時期著名學者，其「專心淨業」，則指歸心於佛教修行法門。彭氏請汪縉與羅有高撰寫的序言，可看出三人傾心於佛學研究與佛教修行上。汪縉於《居士傳》序言：「知歸子現居士身說法，著居士傳，屬予為之序。序曰：知歸子學佛，歸心淨土，發決定往生之願者也，究論往生之因，因於一念之淨，一念之淨即成往生之因，況念念相繼有不決定往生得覲彌陀者乎？知歸子修淨土念念相繼，其學佛也可謂密矣，仰前修之匪遠，表萬法之同歸，自度度人度人自度，著書之心可謂切矣。若知歸子可以現居士身而說法矣。予故歡喜序之，以告世之讀居士傳者。同學汪縉撰。」〔清〕彭際清，《居士傳》，收錄於河村孝照編集，《卍新纂大日本續藏經》，冊88，第1646號，頁180上6。羅有高於《無量壽經起信論》亦作序言：「同學友彭生紹升，述無量壽經起信論成，書命有高曰，勉敘之。有高諷經論，反覆，光明雲流，骸藏郁潔，喉舌聽視，曠若新有，冰漁膏釋，弗礙弗膠，閣卷欣喜，讚歎作轉。善哉彭生，乃能發起如是大心，乃能擔荷如是大法，乃能唱演如是妙義，乃能流布如是經典。善哉彭生，不忘囑累，不忘宏誓，快得逢逢聖清樂國，仁壽光被，萬億器界恒沙有情，應共信受，應共證入，無量壽經，今正是時。」〔清〕彭際清，《無量壽經起信論》，收錄於河村孝照編集，《卍新纂大日本續藏經》，冊22，第0400號，頁116上5。〔清〕彭際清，《二林唱和詩》，收錄於河村孝照編集，《卍新纂大日本續藏經》，冊62，第1210號。

紀念此事。[61]

　　蘇州寶蓮寺的釋越岸（?-1902），據張宗儒所載，其為光緒時期浙江台州太平縣人，幼讀三國志演義，忽有大感悟，認為諸葛關張，為第一等人，然皆功未成而身先死，「吾輩仰希古人，千萬不及一，而欲於世立功名，不亦難哉。」遂引發其出世之因，十八歲時依天台濟舟大師出家，二十一歲受戒於浙江國清寺。三十六歲，寶蓮寺住持能詮大師傳予方丈之席，當時寶蓮寺遭戰禍焚毀，越岸接任方丈位後，先入閩南採集巨木，順流東下，陸續建造佛殿齋舍，重興寶蓮寺成為蘇州巨剎。[62]

　　馮毓孿主要論載天童寺方丈──中華佛教總會首任會長釋寄禪（敬安，號八指頭陀，1851-1912）於民初佛教界的事蹟。寄禪十八歲投湘陰法華寺出家，修苦行，光緒元年（1875）感以「釋迦牟尼有千瘡求半偈之說」，尋至寧波阿育王寺，於佛舍利前「剟背肉如錢者數四，注油於中以代燈，又燃去左手兩指」，遂自號八指頭陀。[63]宣統3年（1911），武昌起義，各省響應，當時新募之軍人，大多駐紮寺觀，諸多鄉里無賴子弟，又假借光復軍名義，令僧人出資或迫脅為兵。寄禪憂慮各地僧人因驚恐而流徙，因流徙而使佛教廢置。待共和肇建，寄禪赴上海聯合十七布政司舊轄地的僧侶，於1912年4月成立中華佛教總會。

　　審視「傳記」收錄題材，以居士與僧人兩部分為主，其他還有日本慧若翻譯的《釋迦牟尼佛傳》。居士與僧人傳記的特色可看出，屬於「近世佛學界偉人」的居士，即清末復興中國佛教的楊文

---

[61]　孫式海謹錄，〈專西大師略傳〉，《佛學叢報》，期5（上海，1913），頁1-3。
[62]　張宗儒，〈重興寶蓮寺越岸法師碑〉，《佛學叢報》，期6（上海，1913），頁1-3。
[63]　馮毓孿，〈中華佛教總會會長天童寺方丈寄禪和尚行述〉，《佛學叢報》，期5（上海，1913），頁1-2。

會居士，對於由居士組成之《佛學叢報》的創辦群來說，無異俱有
先驅者的模範；僧人則是清末民初振興佛教界的重要人物釋寄禪。
《佛學叢報》為向讀者介紹「古德之漸就湮沒者」，另收錄了羅有
高、汪縉、專西大師以及越岸法師的傳記。清儒彭紹升雖為耳熟能
詳的著名人物，然與其成為莫逆之交的羅有高和汪縉較為人所不
知，羅高二居士同彭氏一樣，均由儒入佛，學問淵博，僧人傳記
則著眼於三位大師的苦修、靈感，以及為佛門所盡之力；專西大
師曾以「缽龍降澤」聞名一時，越岸法師也曾將垂危的寶蓮寺重
興為巨剎。

5.問答

　　《佛學叢報》的「問答」門類亦值得注意。標旨「凡讀報諸
君，對於佛學不恥下問者，本社當盡情奉答」為訴求，並說明「凡
來教經本社認為正式問題，而同人學識未逮，不敢妄加武斷者，亦
必登載報端，徵求當世明達之評論。」[64]

　　為了拋磚引玉，藉梃叩鐘，由黎端甫於第一期至第四期持續撰
寫的〈香嚴閣問答〉，以「天堂地獄問」為開端，接著是論述後秦
僧人釋僧肇（384-414）所著論典《肇論》之「《肇論》答問」、
「《大智度論疏》答問」、「《般若燈論》答問」、「《四阿含暮
抄》答問」，「《金光明經》答問」及「《首愣嚴經》答問」。這
些著名佛教經論的義理問答，基本上都是由黎端甫以其深厚的佛學
學問，設想議題並親自論述。[65]《佛學叢報》謹答賜教問題的則有
〈答孟栖蓮君坐禪五問〉、〈答蕪湖海萍君問金剛經義〉、〈答崇
明縣覶廬居士〉，以及〈答北京清何鎮陸軍第一預備學校羅哲〉

---

[64]　〈發刊辭〉，《佛學叢報》，期1（上海，1912），頁4。
[65]　黎端甫，〈香嚴閣問答〉，《佛學叢報》，期1（上海，1912），頁1-8。

等各地讀者的問函。來函多為請益佛學義理與修習方法，如〈孟栖蓮君坐禪五問〉問道：「一、禪學除外道禪外，共有幾種？二、等不等觀雜錄著所謂出世間四種禪，是否圓頓次第祖師如來之四種？……四、欲依古法學習者，其法如何？有何經可閱？……」《佛學叢報》也給予詳盡的答覆：「答、禪學一名，大分為二，一者坐禪門，二者參禪門，……要如天台所述四種禪定，皆出世大乘禪也，餘如禪秘要法，中明三十種禪等。」[66]《佛學叢報》的問答形態，可溯源至印度釋迦牟尼佛講法之方式。閱覽佛教大藏典籍，從原始佛典《長阿含經》到大乘佛典《華嚴經》諸經典，多以菩薩、羅漢及佛弟子等向佛陀請問，佛陀說法解其疑惑，一問一答而產生了佛教經典。民初《佛學叢報》的問答欄延續此種形式，可看出《佛學叢報》的讀者群有著相當的佛學基礎，在修習過程中遇到難題，樂意撰函向《佛學叢報》提出疑惑，《佛學叢報》回覆問題之人，亦能看出皆具深厚的佛學素養；《佛學叢報》本身則成為民初佛教界佛學溝通的平台。

小結

綜述所論，可以得知，19世紀末至20世紀初，中國的圖書出版業完成了由傳統出版邁向近代出版的轉型。這一轉型是在晚清新政時期完成的，標誌則是商務印書館、文明書局、有正書局等一批民營圖書出版業的出現。[67]藉由《佛學叢報》及有正書局的創辦背景，鏊清狄葆賢灰心於革命運動後，投入辦報事業，也因晚年虔心

---

[66] 〈本報謹答賜教問題：答孟栖蓮君坐禪五問〉，《佛學叢報》，期4（上海，1913），頁1-2。

[67] 黃林，〈緒論〉，《晚清新政時期圖書出版業研究》（長沙：湖南師範大學出版社，2007），頁35。

佛學，於時報館外另開設了有正書局，販售佛教等類書籍與五彩金印佛像，以及珂羅版精印的中國古今名畫，以保存國粹提倡美術為宗旨，更延攬濮一乘等志同道合的佛教界朋友，創辦《佛學叢報》。

透過《佛學叢報》的讀者群，瞭解到閱讀者不僅有出家僧人與佛教居士，還含括知識分子抑或對佛學有興趣之人，有正書局的顧客群亦復如此。值得注意的是，以居士為重要組織成分的《佛學叢報》，作者多為清末親近楊文會的學人，透過《佛學叢報》首刊之楊文會圖像及其傳記，可知接續楊文會居士復興中國佛教的理念即叢報之關懷所在。民國時期居士佛教已產生顯著的近代轉型。以佛教居士為其創辦主體的有正書局及《佛學叢報》，即是獨立於僧團之外，建立自身組織的典型形式。當中，居士與知識分子身分也常相重疊，此為理解民國初年知識文人研究佛學的一個面向。

審視民國初期《佛學叢報》之後創辦的刊物，以1913年中華佛教總會的《佛教月報》與1920年刊行至今近一百年的《海潮音》來看，前者的門類設定為圖畫、論說、學理、史傳、專件、要聞、藝林，以及叢錄等編排；後者則由畫像、獅子吼、象王行、專門學、大事記、評論壇、研究室、史傳館、調查隊、文字相，一直到言說林，專欄設計多以《佛學叢報》為參考基準，期刊內容也同屬於研究性質的佛學刊物，展現出《佛學叢報》扮演著引領民國時期佛教刊物先行模範之意義。

第三章
佛教與國家：近代國家建構對佛教 經濟基礎的挑戰

> 佛教縱的時間是有兩千多年的歷史，橫的空間遍亞細
> 亞，現實且有漸及全球的趨勢了。但是這不二的重心點稍有
> 離異，佛教在這個人間就呈露著偏枯偏榮的現象而失卻整個
> 佛教底體用，換言之，佛教在人間失卻了調和，不是太高超
> 玄妙，便是走入平凡墮落。……過去三國佛教歷史事實上所
> 告訴我們的，正當繁盛的時期，無不將佛法與人間調和到適
> 得其分；一落離異之迹，佛教就綻露出衰退，甚至滅亡。
>
> 芝峯，《日本佛教視察記・序》[1]

　　20世紀初的歷史，是一個結束中國數千年的帝制王朝，號稱亞
洲第一個民主共和國──中華民國初創的時代。百廢待舉、萬象更
新的同時，同屬於中國國民一分子的僧俗兩界佛教人士，無不深受
國家代換的影響。由民初佛教界自身革新與向政府爭取權利的種種
作為，顯示民初佛教已非像以往一樣，處於被動之方，而是主動參
與國家政治體制，展現訴求自身利益的覺醒之姿，佛教與國家社會

---

[1]　大醒，《日本佛教視察記》（上海：行願庵，1936），序頁1-3。

的關係也開始產生重大變化。

　　過去研究者在討論清末民初佛教社會轉型的過程裡，如霍姆斯‧維慈（Holmes Welch）使用宗教社會學的方法撰述的中國近現代佛教三部曲，先後著重探討了近代中國佛教的組織體系制度、中國佛教在近代復興的多重樣貌，以及毛澤東時代的佛教。[2]白德滿（Dom A. Pittman）的著作詳論近代佛教改革僧人釋太虛，一生所關心之中國佛教近代改革事業的理想與失望；[3]洪金蓮亦探討以太虛為中心的傳統佛學和近代思潮的融受；[4]張華則是關注於楊文會與中國近代佛教思想的轉型過程；[5]蔣海怒著眼於國家政治、文人學佛，以及居士佛教間「世運」與「學運」的聯繫；[6]唐忠毛更指出，居士佛教處於聯繫僧團與社會一般信眾的中間樞紐，起到了承上啟下的連結作用；[7]邵佳德則認為，過去研究忽略了地方的視角，無法具體分析佛教在地方社區的各群體中，所扮演的複雜角色。[8]

　　綜觀以往學者的研究成果，多著眼於僧人的佛教改革運動，或是知識分子階層的居士之佛學思想與在地方上的活動。但研究重點不是偏重僧界方面的改革運動，就是太過強調居士在近代佛教的

---

[2] Holmes Welch, *The Practice of Chinese Buddhism: 1900-1950* (Cambridge: Harvard University Press, 1967). Holmes Welch, *The Buddhist Revival in China* (Cambridge: Harvard University Press, 1968). Holmes Welch, *Buddhism Under Mao* (Cambridge: Harvard University Press, 1972).

[3] Don. A. Pittman, *Toward a Modern Chinese Buddhism: Taixu's Reforms* (Honolulu: University of Hawai'i Press, 2001).

[4] 洪金蓮，《太虛大師佛教現代化之研究》（臺北：東初出版社，1993）。

[5] 張華，《楊文會與中國近代佛教思想轉型》（北京：宗教文化出版社，2004）。

[6] 蔣海怒，《晚清政治與佛學》（上海：上海古籍出版社，2012），頁3。

[7] 唐忠毛，《中國佛教近代轉型的社會之維：民國上海居士佛教組織與慈善研究》，頁9。

[8] 邵佳德，《近代佛教改革的地方性實踐：以民國南京為中心（1912-1949）》（臺北：法鼓文化，2017），頁28。

重要性，始終無法以更宏觀的視野，看待僧俗二者間互動之關係；
對於佛教界如何在大時代環境的變遷下，重新形塑與建立在中華民
國這個新興國家上的中國佛教也欠缺解釋。本章即以《佛學叢報》
刊載當時佛教界的各種新聞為著眼點，配合《總理各國事務衙門》、
《內務公報》、《北洋公牘類纂續編》，以及明治時期的《日本外
交文書》之中、日兩國政府官方文書，深入探討自清末之際，中國
佛教界是如何面對在清朝政府頒布廟產興學的諭旨之後，所造成的
寺院問題？共和肇建之初，在《臨時約法》規定人人有信仰之自由
的條文下，佛教界又是如何主張佛教並非出家不問世事之山林佛
教，而是為自己爭取該有的權利，必須要積極地參與政治和各種
事務的入世佛教？僧俗二界的佛教人士，在民初與國家社會之間
又是如何互動？彼此間呈現何種互助或是緊張之關係？期望藉由
本文，能對清末民初中國佛教界與國家之間關係轉變的研究有所
補充與貢獻。

第一節　清末新政下廟產爭訟的問題

　　清光緒24年（1898），湖廣總督張之洞著《勸學篇》，經過光
緒皇帝（1871-1908）的批准，而變成了全國性的教育及學術思想
最高指導原則。此篇作品是構成晚清教育政策的思想基礎，涉及的
層面甚廣，是研究清季變法思想的必讀文獻。不過當時提出這樣的
政策性見解，乃是因應西洋和日本的勢力在中國境內造成重大的壓
力，為挽救政局頹勢而不得不試圖改造教育體系所形成的。故其出
發點，原非針對摧殘佛教而來。[9]追根究柢，《勸學篇》〈設學第

---

[9]　江燦騰，《中國近代佛教思想的爭辯與發展》（臺北：南天書局，1998），頁406-
407。

三）提出以「每一縣之寺觀什取之七以改學堂，留什之三以處僧道；其改學堂之田產，學堂用其七，僧道仍食其三。」[10]江燦騰的研究指出，張之洞認為這只不過是把已面臨淘汰的佛教寺產，移作有用的興學費用與場所。[11]然廟產興學的規定，實行之際卻誘發不肖分子對於寺產的窺伺，各地出現了驅逐僧尼、侵占寺產的現象，使得清末持續到民國時期各地廟產諍訟的問題層出不窮。

　　戊戌變法前夕，《勸學篇》的影響持續發酵。《勸學篇》本為一篇強調保國、保教以及保種的學說，當中闡述了培育國家人才的理念，「竊惟古來世運之明晦，人才之盛衰，其表在政，其裡在學。」[12]欲藉吸收西學來改造並強化中國的教育體系：

> 今欲強中國，存中學，則不得不講西學。……今日學者，必先通經以明我中國先聖先師立教之旨，考史以識我中國歷代之治亂、九州之風土，涉獵集以通我中國之學術文章，然後擇西學之可以補吾闕者用之、西政之可以起吾疾者取之，斯有其益而無其害。[13]

張之洞中體西用的主張瞭然於此，一方面強調西方學說與西方政治對於中國富國強民的重要性，一方面也說明學習西學西政必須先通達中國學術的底蘊，才不致於囫圇吞棗。張之洞認為中國培養優秀人才首要之事，即設立學校與籌措經費。

　　光緒24年（1898）5月22日時，據《東華續錄》朝廷諭旨記載，先前於光緒24年（1898）2月25日由光緒皇帝下詔開辦的京師

---

[10] 張之洞，《勸學篇》（新北市：華藝學術出版社，2015），頁62。
[11] 江燦騰，《中國近代佛教思想的諍辯與發展》，頁406-407。
[12] 張之洞，《勸學篇》，頁4。
[13] 張之洞，《勸學篇》，頁37-38。。

大學堂，入堂讀書的學生，最好能從小學與中學次第而升，才有成
效可觀。但各省小學中學尚缺開辦，因此朝廷下旨督促各直省省
會及府、廳、州、縣，限兩個月內將其境內原有的書院座落之處
與經費數目詳查後稟奏朝廷，並令將現有之大小書院一律改為兼
習中學與西學的學校。創設學校方面，朝廷更下令：「至於民間
祠廟，其有不在祀典者，即著各地方官，曉諭民間，一律改為學
堂，以節糜費，而隆教育。」[14]此是廟產興學運動的開端，也成為
各省判斷境內寺廟能否徵用的標準。[15]天童寺八指頭陀釋寄禪曾感
慨為佛教法難：

> 今秋八月廣東揭陽縣因奉旨興辦學堂，驅逐僧尼，勒提廟產
> 時，有老僧禿禪者，年已八十，不堪地棍衙役之擾，乃斷
> 食七日，作〈辭世偈〉八首，沐浴焚香，誦《護國仁王經》
> 畢，即合掌端座而逝。余哀之次其韻以紀一時法門之難。[16]

延續至光緒32年（1906）4月20日，朝廷所辦勸學教育會所的〈學
部奏定勸學所章程〉仍然奏定：「學堂須立於適中之地，查明某地
不在祀典之廟宇鄉社，可租賃為學堂之用。」[17]至於廟產興學實施
過程是否順利？從〈東鹿縣請將二月以前議題廟產撥充學費准照原
議辦理稟並批〉的案例審視：

---

[14] 〔清〕朱壽朋撰，《〔光緒朝〕東華續錄（三）》，卷144（據復旦大學圖書館藏清
宣統元年上海集成圖書公司鉛印影印），收錄於《東華錄・東華續錄》，冊17（上
海：上海古籍出版社，2008），頁16ab。

[15] 許效正，〈試論《臨時約法》對廟產問題的影響〉，《貴州文史叢刊》，期2（貴
州，2010），頁21。

[16] 釋敬安，《八指頭陀詩續集》，卷5（民國八年北京法源寺刻本）（上海：上海古籍
出版社，2010），頁5ab。

[17] 孫燕京、張研主編，《民國史料叢刊續編267政治　政權結構》（鄭州：大象出版
社，2012），頁20。

> 卑縣不入祀典廟產所在甚夥，有廟廢產存久無住持者；有本
> 廟無人而他廟僧道接二連三據為己有者；有本村牌甲提作村
> 中迎神賽會一切無益之費者；更有無賴棍徒霸佔私肥村民不
> 敢過問者。私典盜賣，弊竇叢生，名為廟產，實則訟根。[18]

依順天府順天學院訂定的章程，各省不入祀典之廟產，悉准提撥為
公用，束鹿縣遵行有案，但據該縣稟報，縣內沒有舉行祀典的民間
祠廟頗多，廟產管理情況可謂極其複雜混亂，被非法之徒占據亦時
有所聞。為順利興學，束鹿縣縣長邀集公務局紳董與各村正副公同
商議，酌定章程，「其有庵觀寺產，產多僧少，僅敷餬口，或地由
住持積貲自置者，概予免提。惟不得一處僧道兼管兩三處田產，以
杜弊混。」[19]此章程關照到真正有僧道住持且經濟困難的寺廟，但
對於防範不法侵占寺院的徒眾卻無明文禁止。

　　宣統二年（1910），天津縣議事會將縣內廟宇寺產與興學一事
上奏朝廷，記錄於〈天津縣議事會稟都憲擬定清釐廟宇廟產辦法
文〉的內文可知，天津縣議事遵照自治章程稟定條例第十四條，應
作為公款公產者，廟宇及其產業各項等，因是縣境廟產，應作為公
款公產，收入自治經費明細裡。但查天津縣境內各項廟宇的狀況，
「有業經局所學堂佔用者；有因事充公者。非籌定妥善辦法，勢恐
舊案新章或生牴牾。」[20]天津縣議事會因此擬定清釐各項廟宇的六

18 甘厚慈輯，〈束鹿縣請將二月以前議題廟產撥充學費准照原議辦理稟並批〉，《北
　洋公牘類纂》（光緒三十三年（1907）北京益森印刷有限公司排印），卷11（臺
　北：文海出版社，1999），頁44b。
19 甘厚慈輯，〈天津縣議事會稟都憲擬定清釐廟宇廟產辦法文〉，《北洋公牘類纂續
　編》（宣統二年（1910）北洋官報兼印刷局代絡雪齋書排印本），卷2（臺北：文海
　出版社，1999），頁8b。
20 甘厚慈輯，〈天津縣議事會稟都憲擬定清釐廟宇廟產辦法文〉，《北洋公牘類纂續

條規則：一、各項廟宇廟產，無論已占未占，統由董事會調查註
冊，並遵章備案。二、各項廟宇廟產，已經各局所學堂占用者，仍
照原案辦理。三、已經占用之廟宇廟產，如該局所學堂遷出不用
時，應交董事會收管，不得由原占各局所學堂變賣或轉租或轉交他
處。四、未經占用之廟宇廟產，非經議會事先允許，任何人均不得
占用。五、各項廟宇廟產，已經因事充公者，仍照原案辦理。六、
各項廟宇廟產，既充作自治經費，此後即應統由董事會管理他處，
不得以該廟宇廟產充公。[21]

　　由束鹿縣以及天津縣議會的案例觀之，除了反映清末朝廷欽定
興學法案實行時的廟宇廟產問題，也顯示出各省自訂章程試圖尋求
廟產興學問題的解決方案。至於章程的確立是否能使廟產興學一路
順暢無憂？

第二節　杭州三十五寺歸屬事件：清末中國 佛教界的窮途應變之道

　　發生於光緒30年（1904）至光緒32年（1906）中國僧寺「歸屬
問題」之杭州事件，是清末中國佛教界為抵抗興學弊端的自保之
舉。據《東本願寺上海開教六十年史》記載，事件中心的日方人
物，為杭州日文學堂堂長、也是清國江浙布教監理的伊藤賢道，其
引發歸屬問題的時間是在義和團事件之後，尤以光緒30年（1904）
至31年（1905）最為劇烈。清朝政府在光緒24年（1898）5月22日
及同年8月11日，共兩次公布了整頓民間祠堂與廟宇用以興作學堂

編》，卷2，頁8b。
[21] 甘厚慈輯，〈天津縣議事會稟都憲擬定清釐廟宇廟產辦法文〉，《北洋公牘類纂續
　　編》，卷2，頁9a。

的諭旨。但地方官趁此機會奪取寺廟、沒收僧田，以及敕逐寺僧的
事件相當多。杭州在這年中，就有海潮寺、長壽寺、白衣寺，以及
慈孝庵這四座寺院受到部分或是全部的強制處分，甚至波及到其他
寺院。[22]浙江的中國僧侶於此不安形勢裡，窮途末路之際，想到請
求東本願寺保護之策。以杭州與紹興為首及寧波等浙江的名山大剎
共三十五間寺，加上小庵，共有四十多間寺廟自願歸屬東本願寺，
他們既是中國僧侶，同時也得到東本願寺僧籍的人非常之多，當中
受到法師位資格的亦達四十五位。[23]

　　解讀杭州寺院歸屬事件的過程中，其實有所爭議。伊藤賢道
曾聲稱杭州事件中，以釋寄禪與其侍者僧介石最為熱心。伊藤回憶
寄禪與介石在杭州海潮寺與他商談保護救濟之法：「近來中國的政
府，壓迫寺院，更甚者還將寺院用來養蠶或是開紡織工廠。原本
寺廟財產是由信徒佈施而來的，難道沒有一個能夠設法挽救的方法
嗎？」伊藤建議：「有一個好方法，就是設法昌盛自己的宗教，普
及對於社會的公益，如此一來，縱使是地方官也絕對不會胡作亂
為。」寄禪與介石深表同感之意：「為此目的，優先要做的事是必
須要培養人才，教育僧侶。我們想要蓋僧人的學堂，希望得到您的
幫助。」伊藤回答：「盡量去做吧！金錢方面雖然沒辦法，但只要

---

[22] 高田賢正編纂，《東本願寺上海開教六十年史》（上海：東本願寺上海別院，
1937），頁97。

[23] 高田賢正編纂，《東本願寺上海開教六十年史》，頁96-98。甲午戰爭爆發之際，
東、西本願寺等皆派遣隨軍傳教士，在軍中傳教、傷兵慰問，以及招魂法會等方面
表現積極，因而獲得日本外務大臣的訓令，得前往中國內地傳教。蕭平，〈中國近
代佛教復興與日本〉，佛光文教基金會總編輯，《中國佛教學術論典》，冊42（高
雄：佛光山文教基金會出版，2001），頁70。1898年東本願寺派法主的兩兄弟大
谷勝信（1878-1951）與大谷瑩誠（1887-1948）到中國作為「開教督勵」，翌年，
在上海別院設置「清國開教本部」，從1907年以後，在東南地區之蘇州、杭州、
泉州、廈門等地積極展開傳教活動。楊曾文、張大柘、高洪著，《日本近現代佛
教史》（北京：昆侖出版社，2011），頁464-465。日本僧人的僧位依序為大法師
位、法師位、滿位、住位以及入位五個階位。

是身體能做的，一定會幫忙。」[24]從伊藤語中所說，該事件是由寄禪領導的。

審視寄禪本人寫過的文章，可得知他與伊藤曾有過接觸。光緒30年（1904）9月，寄禪受杭州釋松風、釋能定，以及釋海峯諸佛教長老邀約，陪同東本願寺寺僧伊藤賢道泛舟西湖有感寫下偈子，寄予上海友人夏曾佑（1863-1924）、吳彥復（1869-1913）、狄葆賢以及陳鶴柴（1864-1963）：「喜陪南岳舊禪侶（謂海公），共結東瀛淨土緣。」[25]詩詞所寫「東瀛淨土緣」，實指日本東本願寺淨土真宗。但寄禪是否如伊藤所說，為杭州事件的主導者？還有待商榷。

《佛學叢報》的〈天童寺方丈寄禪和尚行述〉則是推翻伊藤先前的論述，指出朝廷最先是罷科舉，興學校，南中大吏，以資金無所出，而有提取寺產之議，於是，「浙江三十五寺，請日本本願寺僧伊藤賢道，<u>藉傳教保護，竊師名為首</u>，報紙喧騰，外部電詢浙撫聶仲芳中丞。」[26]事件實情經由《佛學叢報》寄禪所寫〈冷香塔自序銘〉，實可得知寄禪非杭州歸屬事件的領導者：

> 先是各學校有提僧產助款之議，杭僧情迫，竊余天童住持名為首，聯浙江三十五寺，投請外人入內保護，以相抵制，為報紙喧傳。而外務部亦電詢浙江巡撫聶公。余聞之憤不欲生，以為辱國辱教，莫此為甚。即飛函有司剖陳竊名之妄，力請嚴行拒絕。[27]

---

24 高田賢正編纂，《東本願寺上海開教六十年史》，頁97。
25 釋敬安，《八指頭陀詩續集》，卷5，頁3。
26 馮毓鑾，〈中華佛教總會會長天童寺方丈寄禪和尚行述〉，《佛學叢報》，期5（上海，1913），頁3a。
27 八指頭陀，〈冷香塔自序銘〉，《佛學叢報》，期5（上海，1913），頁2。

於此可知，因浙江各地學堂紛紛提出經費不足，要求占用僧侶廟
產，杭州城中群僧走投無路，情急無奈之中才出此下策，即盜用寄
禪和尚的名義，聯合浙江三十五寺，請東本願寺淨土真宗僧侶伊藤
藉傳教為名，行保護佛門與抵制官方之實。[28] 待寄禪受到輿論的排
擠，看到報紙上〈禿黎狡詐〉聲稱他已航海到東瀛（日本）東京皈
依本願寺大谷派，不禁啞然失笑：「忽忽潮音振耳聞，空中樓閣但
靄氛，何曾掛席東瀛去，未出青山一片雲。」[29]

　　其後，閱覽《日本外交文書》的〈清國內地布教權一件〉，
由松井政務局長代理伊藤道賢所發布浙江三十五寺歸屬問題的專
件寫道：

> 有關日本各家新聞的誤報，在此公開陳述。其公請主要目的
> 在於欲以佛教學堂來挽救佛門的衰頹。那麼，列名加入本宗
> 派的各寺當中，……以三十五寺中大多數有敕建或敕賜之理
> 由，此等諸大寺，本不得被地方官紳改廢。我等日僧原本就
> 缺乏力量，也無外來的保護者，能期待我等保護之處不多，
> 但起碼這是了解當時寺院狀況者無庸置疑之處。[30]

可以想見，此杭州風波已傳回日本，並由各報社報導，但消息來源
卻有不同解讀。審視文書內容，說明杭州三十五寺的寺僧因仕紳改
廢寺廟而向日僧尋求保護。事實上，伊藤也有其私心，當時英、法
等國已得到傳教權，日本尚未正式取到布教權，僅靠〈中日通商

---

[28] 章亞昕編著，《八指頭陀》（北京：中國文史出版社，1998），頁36。

[29] 釋敬安，《八指頭陀詩續集》，卷5，頁10b。

[30] 外務省編纂，「清國布教保護ノ儀ニ付陳情書」（1905.8.4），〈事項三八、清國
內地布教權一件〉，《日本外交文書（明治期）》，卷38冊2（東京：日本國際連合
協會，1959），頁567。

行船條約〉第四款與第二十五款「最惠國待遇」中「一體均霑」
的模糊條款在中國進行布教事業，伊藤希望藉由中國僧侶試圖取
得布教權。

　　杭州寺院集體歸屬日本東本願寺的事件，除在佛教界引起軒然
大波，甚至驚動了中、日兩國，擴大上升至外交問題，迫使清朝政
府不得不正視此問題的嚴重性，光緒31年（1905）清廷下旨：

> 近聞各省辦理學堂工廠，諸端仍多苛擾，甚至捐及方外殊
> 屬，不成事體。著各該督撫飭令地方官，凡有大小寺院及一
> 切僧眾產業，一律由官保護，不准刁紳蠹役，藉端滋擾。至
> 地方要政，不得勒捐廟產，以端政體。[31]

引文所指，各省除將寺院用來辦學，亦有用作工廠之途，使中國寺
僧不堪其擾，才有如杭州歸屬事件的發生。鑒於此，政府從先前准
許各省提撥未行祀典之民間祠廟的政策，轉變成為一切僧人的寺產
均由官方保護的規定。光緒31年（1905）3月9日，外務部函稱：

> 日本素行佛教，其本願寺僧徒甚重。……而東南各省已時有
> 日僧蹤跡，近且及於北方，大抵因設立學堂酌提廟產，奸僧
> 隱相勾結，藉作護符，以致為叢驅爵，授隙外人，如浙省之
> 案其見端也。[32]

---

[31] 章開沅主編，《清通鑑　同治朝　光緒朝　宣統朝4》（長沙：嶽麓書社，2000），
　　頁1012。
[32] 「日僧傳教可否與各國商訂教事再准一律辦理浙省已飭保全寺產限制寺僧此為正本
　　清源之計」（1905.5.26），〈日本東本願寺僧人傳教〉，《總理各國事務衙門》，
　　中央研究院近代史研究所檔案館藏，館藏號：01-12-021-04-021。

光緒31年（1905）4月23日，外務部收浙江巡撫聶緝槼（1855-1911）關於浙省事件之函覆：

> 尤以保全寺產為第一著。浙省現已由在城紳士與各寺院住持
> 互訂公約，呈請出示曉諭，並通飭各屬照辦，約內以保全寺
> 產，限制寺僧為宗旨，似尚正本清源之計也。[33]

由此得知，聶緝槼回電外務部，考慮到防止海外宗教界干涉這一因素，讓清政府決定由各省自辦僧學堂。[34]於是，「各府得自辦僧學，由學部頒行僧教育會章程。僧人之創立學校自此始。」[35]

最終，伊藤賢道卻因清朝洋務局發函給杭州高洲太助領事，舉發伊藤在紹興各處，索費收徒，以及海會寺僧惠持收受伊藤道賢所給錦帶、文牒，以及信憑等件事由，請高洲領事傳伊藤到案，辭去職位，勒令回國。[36]杭州歸屬事件也暫時落幕。

總結來看，杭州事件可視為中國僧人在無力反抗政府政策的局勢下，所能想出的窮途應變之策。清政府諭旨對於佛教寺廟寺產管理政策態度的轉變，雖使廟產興學的風波暫時得到緩和，但各地廟宇受侵占之事依然時有所聞。受此事態刺激下部分的僧人與佛教居士，也開始積極尋求振興佛教的解決之道。

---

[33] 「日使爭傳教事甚力希熟權利害速籌見復由」（1905.4.13），〈日使爭傳教權〉，《外務部》，中央研究院近代史研究所檔案館藏，館藏號：02-05-008-01-004。

[34] 章亞昕編著，《八指頭陀》，頁37。

[35] 馮毓孿，〈中華佛教總會會長天童寺方丈寄禪和尚行述〉，《佛學叢報》，期5（上海，1913），頁335。

[36] 「日僧伊藤賢道在紹興等處收徒斂錢私給信物業經查禁並照請領事驅逐回國」（1907.1.21），〈日本東本願寺僧人傳教〉，《總理各國事務衙門》，中央研究院近代史研究所檔案館藏，館藏號：01-12-021-04-034。外務省編纂，「大谷派本願寺派遣僧伊藤賢道ニ退清ヲ命シ向フ三ケ年間在留ヲ禁止シタル事由具申ノ件」，〈事項二二、清國內地布教權一件〉（1905.8.13），《日本外交文書（明治期）》，卷39冊1（東京：日本國際連合協會，1959），頁822-824。

第三節　從「被動」到「主動」：民初中國 佛教界的自保之舉

　　延續清末廟產興學的風波，民初佛教界依然時常面臨寺廟被占據或寺產被剝奪的情況。然而，和清末不同的是，民國佛教界此時已有能力尋求法律途徑，聘請律師向法院提出上訴，並在臨時約法及寺廟條例的保護下建立佛教組織，由被動的態度轉變為與政府協商之主動捍衛自身權利的舉措。

一、民初宗教條例下的佛教寺產

　　關於民國政府初期所頒布有關宗教政策的條例，何建明的研究指出，民國元年（1912）3月11日，臨時參議院決議後由臨時大總統孫文公布的《中華民國臨時約法》，是最具有劃時代意義的條文，這是中國歷史上第一次以法律的形式承認並保障人民有信教的自由權利。[37]《臨時約法》第五條規定「中華民國人民一律平等，無種族、階級、宗教之區別」；第六條第七項載明「人民有信教之自由」。[38]然而，上海等地依舊發生一連串占廟驅僧事件。迨至1913年袁世凱的北洋政府頒布了《寺院管理暫行規則》共七條（附錄一），針對廟產管裡最重要的第四條、第五條，以及第六條規定「寺院住持及其他關係人，不得將寺院財產變賣、抵押或贈與於人」、「不論何人不得強取寺院財產」、「一家或一姓獨力新建立之寺院，其管理及財產處分權，依其習慣行之」，明確規定了寺產

---

[37] 何建明，〈從管理寺廟到監督寺廟：民國時期宗教立法觀念的轉變〉，《中國民族報》，版7（北京，2012），頁1。

[38] 孫文，〈大總統宣佈參議院議決臨時約法公佈〉，《臨時政府公報》，期35（南京，1912），頁2。

的保障。1915年10月29日，大總統孫文下令由國務卿陸徵祥（1871-1949）頒布的《管理寺廟條例》三十一條（附錄二），擴充了先前的《寺院管理暫行規則》，除了「寺廟財產不得藉端侵占」，寺廟財產還需「按照現行稅則，一體納稅。」在寺廟條例的規定下，佛教界人士實際上又是如何看待與運行佛教事業？

　　由1912年的《佛學叢報》來看，「佛教新聞」這一門類，為民初的佛教界鋪上溝通往來的平台，可說是直接反映民初中國佛教界所持之看法與作為。翻閱《佛學叢報》新聞紀事的內容，三分之二的篇幅皆記載中國各地所發生的廟產侵占事件。根據許效正的研究指出，1912至1915年間，上海發生了一連串的廟產糾紛案件，這些糾紛當中，司法訴訟案件占絕大多數，這在當時的其他地區是罕見的，爭訟的主體可分為「普通鄉民與社團的爭訟」、「僧人與官廳的爭訟」，以及「僧人與社團的爭訟」這三種類型。[39]

　　上海的小天台上訴案，是1912年一起僧人與上海南市裁判所的廟產糾紛案件。上海南市裁判所據有人報告小天台寺為「無主之物」且「僧尼混雜」，因而查封該寺，強罰看守寺僧道明三十元大洋。寺主僧諦行不服，聘請狄梁孫律師上訴上海地方審判廳，提出清同治6年（1867）該寺的契據，依據刑律與刑事訴訟律各條命令提起訴訟，上海地方審判廳最終判決將小天台寺交還僧諦行。[40]同年，上海龍華寺保存之問題一案，因有「大隊民軍蒞至駐紮，眾僧均被逐散」及「近處豪強以寺前隙地出租習為慣例，以致恃強爭奪害及寺僧」，待軍隊去後，又聞「縣議會有意將該寺決定拆毀之說」，故佛教公會李翌灼等人呈請按照臨時約法第六條第三項「人

---

[39] 許效正，〈民國初年上海廟產糾紛透視〉，《史學月刊》，期9（河南，2013），頁103。

[40] 時報，〈和尚控訴南市裁判所〉，《佛學叢報》，期1（上海，1912），頁1-2。新聞報，〈小天台交還僧人〉，《佛學叢報》，期2（上海，1912），頁5。

民有保護財產之自由」及第七項「人民有信教之自由」，切實保護
寺產。[41]同年8月，有上海虹口圓通寺僧人悟一等，控該廟董事王
秋屏竊洋行兇一案，原告悟一代表俄雷司律師上堂聲明，曾被該被
告「盜賣廟產七畝」，又「硬薦僧人寄虹來廟為住持」，且「竊去
票洋四十五圓並租契一宗」，但被告延葛福來屢師上堂辯稱「被告
係該廟董事，有管理寺廟之權」，之後佛教公會復稱「董事向無
干涉之權」，此案被判應再掌握具體證據再行上訴。[42]同年11月24
日，上海地藏庵住持僧釋春榮因該庵被佔，亦聘請陳則民律師在上
海第一初級審判廳控十五鋪商團會會長凌伯華強占廟產。[43]又有12
月19日，杭州城隍山海會寺住持僧慧持，被不識姓名之楊某人帶同
無賴及丐僧多人逐出寺院，於是慧持向縣法院起訴，判決限楊某五
日之內還產。[44]

　　佛教界除了經由法律途徑將被侵奪的寺產取回外，也有寺院自
願將其財產捐獻作為公益使用。1912年11月3日，因俄國與外蒙簽定
《俄蒙協約》，規定俄國政府扶助蒙古建立自治秩序及幫助蒙古編
練國民軍，不准中國軍隊入蒙境及華人移殖蒙地等條例。附約《通
商章程》則訂明俄國人得在蒙古各地自由居住、遷徙，以及經營工
商等業，並可將俄國本國、蒙古、中國，以及其他國家貨物運出運
入蒙境，免納一切稅捐。[45]中國方面得知此消息，各地紛紛發起組

---

[41]　〈龍華保存之問題〉，《佛學叢報》，期3（上海，1912），頁7-9。

[42]　〈和尚控相公〉，《佛學叢報》，期2（上海，1912），頁6。

[43]　〈地藏菴案之批示〉，《佛學叢報》，期3（上海，1912），頁5-7。〈地藏菴案之
辯訴書〉，《佛學叢報》，期4（上海，1913），頁1-4。

[44]　時報杭州通信，〈縣法院保存古剎之裁判〉，《佛學叢報》，期4（上海，1913），
頁1。

[45]　〈對蒙談判全權代表致外交大臣電〉(1912年10月21日〔11月3日〕於庫倫)（哈爾
濱：黑龍江教育出版社，1991），頁112-119。樊明方，〈1912年《俄蒙協約》及
俄蒙《商務專條》之簽訂〉，欒景河主編，《中俄關係的歷史與現實》（開封：河
南大學出版社，2004），頁167-185。

織「救蒙會」，佛教界亦組織「佛教救蒙會」，其主要方針在幫助
政府籌辦軍費，多位僧侶提議「欲以各處大廟產，各分割若干，
以助餉糈。一俟措集，即請政府提用云。」[46]上海靈應寺住持僧清
定，於1913年見李平書創辦之貧民習藝所，有裨公益，故具稟上海
縣公署，自願將該寺基地房屋一併助與貧民習藝所，共維公益。[47]

　　民國初年，僧俗兩界開始自主地創辦各種受政府批准立案的佛
教組織，促成其成立的原因除了是在政府條令下，欲以團體力量抵
抗各地寺廟被奪等問題，藉以鞏固佛教教團；另方面也力圖運用章
程規範來培養佛教界的人才，以此強化佛教界力量，尋求立於變局
中的穩建之地。

二、民國初年佛教界組織之成立意義
　　——居士的「佛教會」與僧界的「中華佛教總會」

　　民國佛教教會的立案，可說是中國佛教千年以來的大變局，佛
教界第一次集合起來制訂章程、成立組織，主動呈疏政府並被批准
立案，能以法律有效保護自身的利益，提倡教育與慈善事業。記載
於《內務公報》，在臨時政府期內立案的佛教教會就有中華佛教總
會、蒙藏佛教聯合會、中央佛教公會、中國佛教青年會，以及番漢
僧俗佛教聯合會。[48]未收錄亦有立案的還有居士成立之佛教會。以
下將以1912年居士的「佛教會」與1913年僧界的「中華佛教總會」
為代表，探究其組織在民初佛教界與政府間發揮著何種作用。

　　被學者稱為「近代中國第一個佛教組織」的佛教會，[49]是由李

---

[46]　〈僧侶熱心救國〉，《佛學叢報》，期3（上海，1912），頁3。

[47]　〈靈應寺自願充公〉，《佛學叢報》，期4（上海，1913），頁5。

[48]　「臨時政府期內教會立案一覽表」，《內務公報》，期5（北京，1914），頁3-4，
　　收錄於周光培主編，《中華民國史史料四編》，冊36（揚州：廣陵書社，2010）。

[49]　書新，〈開國時期的佛教與佛教徒〉，收錄於張曼濤主編，現代佛教學術叢刊編輯

翌灼、桂念祖、歐陽漸、蒯壽樞、孫毓筠、張世畸、陳方恪、濮一乘、黎養正以及邱之恆等佛教居士發起。1912年3月20日，佛教會向孫文大總統呈疏〈佛教會致孫大總統公函〉，附上〈佛教會發趣文〉與〈佛教會大綱〉，以及〈佛教會要求民國政府承認之條件〉，可看出該會在闡述政教分離的理念下，鑒於佛教無法從亞洲推行至世界各國之緣由，「一由循專制積習，人民無遠大之經營；一由缺統一機關，教徒有多方之阻礙」，為統一佛教信徒，而成立佛教會，且「今日世界大勢，趨向共和，政教兩方，各宜自謀獨立之法，必使享相成之利益。」[50]並向民國政府告知佛教會有昌明社會之道德，促進國家共和之義務：

> 甲、**說教事項**。普通說教；軍營說教；工廠說教；病院說教；監院說教。
>
> 乙、**教育事項**。佛教各種學校；佛教各種研究會。
>
> 丙、**慈善事項**。振飢；援溺；治病；保赤；救災；濟貧；扶困；利便；弭殺；弭盜；弭淫；正俗。[51]

佛教會主動提出上述對國家社會應盡之責，含括教化與教育，以及慈善救濟等事業。當然，該會也要求政府能相對地給予該會保護利益，除了民國政府應承認佛教會為完全自由之教會，並對於佛教會有完全保護之責任；佛教會還擁有監督佛教公團一切財產上處分之權，以及有整頓佛教一切事業促進其發達之權。在政教分離的訴求下，佛教會也要求與民國政府絕對分立，且在法律範圍內之種種行

委員會編，《中國佛教教史論集民國佛教篇》（臺北：大乘文化，1979），頁8。

[50] 佛教會，〈佛教會致孫大總統公函〉，《佛學叢報》，期2（上海，1912），頁1。

[51] 佛教會，〈佛教會要求民國政府承認條件〉，《佛學叢報》，期2（上海，1912），頁1-2。

為，民國政府不得干涉。[52]繼後，孫文大總統親自接見，覆函表示贊同該會宗旨：

> 貴會揭宏通佛教，提振戒乘，融攝世間出世間一切善法。甄擇進行，以求世界永久之和平，及眾生完全之幸福為宗旨。……貴會所要求，盡為約法所容許，凡承乏公僕者，皆當力體斯旨。……貴會大綱已交教育部存案，要求條件，亦一併附發復問。[53]

孫文認可後，便交予教育部存案，佛教會之後正式被批准立案。據1912年《政府公報》的〈內務部批道教會發起人陳明霈請援案保護財產呈〉記載：

> 檢閱佛教會原案章程，前南京內務、教育兩部批准，嗣山東都督咨同前因，本部已准立案，續據建立佛教會人李翌灼等致書，大總統請將要求條件交參議院議決，列入法令，已交由國務院批於六月十七日。[54]

由此可知，佛教會除得到孫文的贊同，也受到南京臨時政府內務部與教育部兩部批准，以及山東都督的支持。麥錦恆認為，佛教會開民國時期佛教組織創辦之先河，甚至影響民國道教會的成立。[55]在

---

[52] 佛教會，〈佛教會要求民國政府承認條件〉，《佛學叢報》，期2（上海，1912），頁1-2。
[53] 孫文，〈孫大總統覆函〉，《佛學叢報》，期2（上海，1912），頁1。
[54] 〈內務部批道教會發起人陳明霈請援案保護財產呈〉，《政府公報》，號121（北京，1912.8.29），頁5。
[55] 麥錦恆，〈民國佛教會的影響〉，《法音》，期2（北京，2015），頁34-35。

該會建立人李翌灼的努力下,國務院允許佛教會以正式公文「通飭全國保護寺產」。

　　然而,受到政府「高規格承認」的佛教會,理應穩健地運行下去,但李翌灼諸人卻因與僧界有所衝突等緣由,佛教會「因緣齟齬,進行阻滯,李君等已致函袁大總統、國務院,聲明取消。」[56]當居士們成立的佛教會在民國佛教史上如曇花一現,以釋寄禪等僧界人士成立的「中華佛教總會」繼之而起。

　　創立於上海靜安寺,以「中華民國全體僧界」為名義定名組織的中華佛教總會,標幟著「統一佛教,闡揚法化,以促進人群道德,完全國民幸福」這樣的宗旨,用以昌明佛學、普及教育、中外布教、組織報館,整頓教規,以及提倡公益等事項為綱要,將其正式擬訂的章程上呈孫文大總統、內務部,及教育部,請求准予案。同年2月12日,內務部與教育部鑒於「沐於其教澤者,類能熱心公益,以輔助正化之進行」,批准立案。[57]佛教總會基本上承續清末的僧教育會,由第一任會長釋寄禪赴上海,聯合十七布政司舊轄地的僧侶而成立。[58]太虛法師於〈與陳靜濤居士書〉記載:

---

[56]　〈本報訪事〉,《佛學叢報》,期1(上海,1912),頁1。太虛曾說:「中華佛教總會,則依各省縣原有的僧教育會改組為分支部,已有成為全國佛教團體的趨勢,李政綱等乃自動將其佛教會宣布取銷。」釋太虛,〈太虛自傳〉,收錄於太虛大師全書編纂委員會編纂,《太虛大師全書》(雜藏:文叢(二)),頁203。書新的研究則指出,李翌灼等人提出「今後佛教徒要不分僧俗,能者為上,為佛教開創新局面。接著他們用極激烈的口吻,指摘出家衆無知短見,破見破戒,因而引起諸山長老大肆攻擊。只是這幾位居士非常剛強,尤其是李政綱多才善辯,他在四方圍政之下,三日一會,五日一文,展開政擊,可以說是字字動聽,語語驚人,所指摘的,無不正中佛門積弊,所建議的也皆有高深的見地。可惜後來動了肝火,對人破口大罵,失卻社會的尊重與同情,其會中的同志也多有退出他去者,不久,中國佛教會也就捲旗擱鼓自告解散了。」書新,〈開國時期的佛教與佛教徒〉,收錄於張曼濤主編,現代佛教學術叢刊編輯委員會編,《中國佛教教史論集民國佛教篇》,頁8。

[57]　中華佛教總會,〈中華佛教總會章程〉,《佛學叢報》,期1(上海,1912),頁1-10。

[58]　釋東初,《中國佛教近代史》,冊上,頁102。

承清季各省分立之僧教育會聯合改組之，設會所於上海靜安寺，辦事處於上海清涼寺，及北京法源寺。至民二春，在滬正式成立，省支部達二十二，縣分部達四百餘，實為上海有中國佛教總團體之最隆盛時代。[59]

1913年3月，中華佛教總會以其會章經大總統教令頒布，於上海靜安寺開正式成立會，與會各省代表有贛州光孝寺住持釋大椿與雲南雞足山祝聖寺釋虛雲（1840-1959）等，推舉釋冶開（1853-1922）及熊希齡（1870-1937）為會長，靜波為副會長，釋道階（1870-1934）為駐北京辦事處長，水希為總務主任，釋太虛為會刊《佛教月報》總編輯。[60]

　　中華佛教總會運行事務繁多，有統合佛教界之氣魄，然最初實為解決廟產諍訟的問題而成立，「蓋自僧教育會演變之佛教會，初不過為護持寺產而已。」[61]釋淨良（1929-2021）亦曾嘆言該會是在長久的磨難下所產生：「假名興學，徵收寺產，毀佛驅僧，因而引起教界恐慌，……諸山長老為了護產衛教，群啟組織各種教會，團結力抗政府非法奪取，故有中華佛教總會之肇建。」[62]故佛教總會會章第十一條明文規定：

---

[59] 釋太虛，〈與陳靜濤居士書〉，收錄於太虛大師全書編纂委員會編纂，《太虛大師全書》（雜藏：酬對（一）），頁262-263。

[60] 釋太虛，〈太虛自傳〉，收錄於太虛大師全書編纂委員會編纂，《太虛大師全書》（雜藏：文叢（二）），頁206。

[61] 釋太虛，〈三十年來之中國佛教〉，收錄於太虛大師全書編纂委員會編纂，《太虛大師全書》（雜藏：文叢（二）），頁48。

[62] 闞正宗，《中國佛教會在台灣──漢傳佛教的延續與開展》（臺北：中國佛教會，2009），頁4。

（甲）本會有整頓佛教進行一切事宜，及保全佛教公團財產
　　　上處分之權。

（乙）本會會員在法律範圍內之行為，得受法律平等保護。

（丙）凡會中各寺庵所有財產，無論檀越施助、寺僧苦積，
　　　外界有欲介端攘奪，本會得據法律實力保護，以固
　　　教權。[63]

會章所指法律為《臨時約法》，藉以保護佛教教團。民國元年
（1912）與太虛合辦「佛教協進會」並將其納入中華佛教總會名下
的釋仁山（1887-1951），於〈佛教總會進行策〉主張：「約法，
國憲之根本，民權之保障也。」[64]

　　值得注意的是，中華佛教總會創立初期，各省佛教寺院的組織
內部尚有許多待改善之事務，釋仁山曾向佛教總會提出六項計畫，
反映了當時佛教界內外面臨之實際情況：一、「佛教財產宜完全保
護」。凡遇僧尼寺院公產或私產被各省長官充作別用，佛教總會理
宜根據約法實力抵制，以達佛教財產與人民財產平等保護之目的。
二、「傳戒宜限制」。為避免各地寺院濫傳僧尼戒法，佛教總會應
盡把關之責，限制傳戒處所與時期，長期三年，短期二年，遵循受
戒次第，才可給予畢業文憑，藉以提升僧尼之素質。三、「出家徒
眾宜慎擇」。佛教總會各支部，對於各寺庵出家僧眾必須審擇，切
實調查其根性，幼者出家，必讓其入校受學，壯年老者出家，必須
通達文理，品格純正。四、「叢林宜整頓」。恢復唐朝時期「馬祖
建叢林，百丈立清規」之形式與精神；打破過去各宗混雜的情況，
規定禪門寺院單純參禪，律宗寺院只可習律，教宗長年演教，密

63　中華佛教總會，〈中華佛教總會章程〉，《佛學叢報》，期1（上海，1912），頁4。
64　仁山，〈佛教總會進行策〉，《佛教月報》，期1（上海，1913），頁8。

宗專精經懺，並為俱舍、成十、三論、法相、華嚴，以及天台等
教宗，聘請專門講師，闡揚法典。五、「經懺宜規密宗」。經懺一
法，緣起於目蓮度母，擴張於梁武帝水陸懺文。但鑒於現實僧侶，
口誦經文，而不能了解經文之義，甚至誤讀經文字詞，所以，經懺
理宜統一歸於密宗進行，其他禪淨律教各宗均不得貪此微利，擾亂
修持。六、「省縣寺庵宜合併」。佛教之興，不在寺庵之多，而在
教徒能否宏法。佛教總會各支部應對於省縣鄉鎮裡的寺庵，切實調
查，需合併者便將其合併，以免散漫無統。[65]藉由上述幾項計畫，
可以想見，仁山建議佛教總會的這些方案，均為針對當時佛教界的
弊病而提出之改革。

　　中華佛教總會成立後，初期的會務運作並不順暢，至1949年政
府遷臺前，不斷在政府各階段頒布的寺院管理條例下與之抗衡。
一方面，在太虛與圓瑛等人的努力下，提出修改章程與改組領導
體制，讓之後延續中華佛教總會的中國佛教會體制漸次健全；另方
面，政府也在宗教輿論的壓力下修改宗教條例，如1928年公布《寺
廟登記條例》，終於讓佛教與道教納入國家管理的一環，寺廟逐漸
擁有各自的管理權利。[66]但若僅著眼於1913至1914年這段期間，根
據許效正的研究，查閱《政府公報》與《內務公報》等資料，發
現自1913至1914兩年期間，內務部批示過的寺產糾紛案就多達十二
起，這些案件均是由中華佛教總會代理。[67]在約法與會章這二者的
保護及運行下，初期的中華佛教總會確實為佛教界處理了諸多事
務。黃夏年更指出，中華佛教總會的出現，使中國佛教徒最終走上

[65] 仁山，〈佛教總會進行策〉，《佛教月報》，期1（上海，1913），頁7-13。
[66] 闞正宗，《中華佛教會在台灣——漢傳佛教的延續與開展》，頁8。
[67] 許效正，〈中華佛教總會（1912-1915）述評〉，《法音》，期4（北京，2013），
頁14。

了一個全國性聯合的統一道路。[68]

小結

綜述所論，可以得知，清末自湖廣總督張之洞著《勸學篇》，提出廟產興學的主張，經光緒皇帝批准後，成為全國最高教育指導原則。看似朝廷精心規畫的廟產興學政策，卻誘發地方官員及不法仕紳沒收廟產的情況，各地區占寺驅僧時有所聞，佛寺或被改作工廠，或被兵營盤據，早已脫離政府所謂利用寺院來辦學的理想政策。[69]進入民國後，此廟產風波延燒更為劇烈，學者將此稱之為「中國佛教近代法難」。[70]

日僧多年在華的經營，直到庚子拳亂之後才得到機會有所表現，這個機會是來自中國佛教本身發生的重大生存危機，而整個事情的起因即是由於清末推行的「廟產興學」運動。[71]夏曾佑曾對浙江省寺院歸屬日本本願寺一事評論道：「按此事之緣起，蓋由近日創辦學堂，與夫各種新政事業者，動以撥用寺院、指提寺產為言。於是釋氏計無復之，乃不得不迫而出此，以為抵制之計。」[72]杭州事件可視為中國僧人在面對政府政策無計可施的壓力下，所能想出的窮途自救之策。

審視清末民初中國佛教界面對廟產興學導致廟產諍訟事件的發生，從清末任其廟產被侵占卻莫可奈何；至民國初期臨時政府頒布

---

[68] 黃夏年，〈中華佛教總會研究（中）〉，《中國佛學》，期1（北京，2014），頁1。

[69] 倪管嬣，〈清末民初江蘇居士楊文會的佛教教育（1851-1911）〉，《史苑》，期71（臺北，2011），頁46。

[70] 黃運喜，《中國佛教近代法難研究（1898-1937）》，頁3。

[71] 王俊中，《東亞漢藏佛教史研究》（臺北：東大圖書公司，2003），頁220-221。

[72] 夏曾佑，〈論浙省寺院歸屬日本本願寺事（1904年12月4日）〉，收錄於楊琥編，《夏曾佑集》（上海：上海古籍出版社，2011），頁288。

信教自由的條例，侵占廟產的事例仍此起彼落，但當時成立的中國佛教組織已能派出律師來為被侵占的寺廟做辯護，依循法律途徑向政府討取公道，以及向政府呈疏請求保護寺產等，這些面對大環境變局的挑戰所做出之回應舉措，最終也收到一定的成效。民國初年的中國佛教界，展露由以往「被動」態度轉變為「主動」應對的自保之舉。最終，無論是居士成立的佛教會或是僧界組織的中華佛教總會，雖然存在時間極短抑或會務運行艱難，但均可視為近代中國佛教界的覺醒之道。

表3-1 《寺院管理暫行規則》[73]

民國二年六月二十日，內務部制訂了《寺院管理暫行規則》七條：
本規則所稱寺院，以供奉神像見於各宗教經典者為限。寺院神像設置多數時，以正殿主位之神像為斷。
第二條　寺院財產管理，由其住持主之。
第三條　寺院之繼承各暫依其習慣行之。
第四條　寺院住持及其他關係人，不得將寺院財產變賣、抵押或贈與於人。但因特別事故，得呈請該省行政長官，經其許可者不在此限。
第五條　不論何人不得強取寺院財產。依法應歸國有者，須由該省行政長官呈報內務總長，並呈請財政總長交國庫接收管理。前項應歸國有之財產，因辦理地方公益事業時，得由該省行政長官呈請內務總長、財政總長許可撥用。
第六條　一家或一姓獨力新建立之寺院，其管理及財產處分權，依其習慣行之。
第七條　本令自公佈日施行。

表3-2 《管理寺廟條例》[74]

大總統申令
茲制定管理寺廟條例公布知此令
中華民國四年十月二十九日
國務卿陸徵祥
教令第六十六號
管理寺廟條例
第一章　總綱
第一條　本條例所稱寺廟以屬於左列各款者為限。
一、十方選賢叢林寺院
二、傳法叢林寺院
三、剃度叢林寺院
四、十方傳賢寺院菴觀
五、傳法派寺院菴觀
六、剃度派寺院菴觀

（未完）

---

[73] 〈寺院管理暫行規則〉，中國第二歷史檔案館編，《中華民國史檔案資料彙編第3輯文化》（南京：江蘇古籍出版社，1991），頁692-693。

[74] 〈管理寺廟條例〉，《政府公報》，號1249（北京，1912.10.30），頁1308-1313。

　　　七、其他習慣上現由僧道住守之神廟（例如未經歸併或改設之從前習慣上奉
　　　　　祀各廟是）。
　　　其私家獨力建設，不願以寺廟論者，不適用本條例。
第二條　凡寺廟財產及僧道，除本條例有特別規定外，與普通人民受同等之保護。
　　　前項所稱財產，指寺廟所有不動產及其他重要法物而言。所稱僧道，指僧尼
　　　道士女冠而言。
第三條　凡著名叢林有關名勝或形勝之寺廟，由該管地方官特別保護。
　　　前項特別保護方法，由內部參酌地方情形定之。
第四條　凡寺廟在歷史上有昌明宗教陳蹟，或其徒眾恪守清規為人民所宗仰者，得由
　　　該管地方官闕列事實，詳請該館長咨由內務部呈請　大總統分別頒給左列各
　　　物表揚之。
　　　一、經典
　　　二、法物
　　　三、匾額
第五條　各寺廟得自立學校，但其課程於經典外，必須授以普通教育。寺廟創辦學校
　　　時，須稟請該管地方官立案，其從前已設立之學校亦同。
第六條　凡寺廟之創興合併，及改立名稱並現存寺廟，須向該管地方官稟請註冊。

第二章　寺廟之財產
第七條　凡寺廟財產應按照現行稅則，一體納稅。
第八條　凡寺廟現有財產及將來取得財產時，須向該管地方官稟請註冊。
第九條　寺廟財產由住持管理之。
　　　寺廟住持之傳繼，從其習慣，但非有中華民國國籍者，不得繼承之。
　　　前項住持之傳繼，須向該管地方官稟請註冊。
第十條　寺廟財產不得抵押或處分之，但為充公益事項必要之需用，稟經該管地方官
　　　核准者不在此限。
第十一條　寺廟財產不得藉端侵佔。
第十二條　凡寺廟所屬古物，合於左列各款之一者，由住持負保存之責。
　　　　　一、建築雕刻繪畫及其他屬於美術者。
　　　　　二、為歷代名人之遺跡者。
　　　　　三、為歷史上之紀念者。
　　　　　四、與名勝古蹟有關係者。
　　　　　前項古物保存規則另定之
第十三條　凡寺廟久經荒廢無僧道住守者，其財產由該管地方官詳請該管長官核准處
　　　　　分之。

（未完）

第 三 章　寺廟之僧道
第十四條　關於僧道之一切教規，從其習慣，但以不背公共秩序及善良風俗者為限。
　　　　　為整頓或改良前項事宜，得由叢林僧道舉行教務會議。
　　　　　舉行前項會議時，須由發起人開具會議事項場所及規則，稟請該管地方官核准，其議決事件需稟由地方官詳經該管長官咨報內務部查核。
第十五條　凡僧道開會講演，或由他人延請講演時，其講演宗旨以不越左列各款範圍者為限。
　　　　　一、闡揚教義
　　　　　二、化導社會
　　　　　三、啟發愛國思想
　　　　　前項講演須於開講五日以前，將其時期、場所，及講演人姓名履歷稟報該管地方官。
第十六條　凡僧道有戒行高潔，精通教義者，準照第四條規定辦理。
第十七條　凡寺廟僧道受戒時，由內務部豫製戒牒，發由地方官轉交傳戒寺廟，按名填給造冊報部。
　　　　　凡從前業經受戒，及其他未受戒之僧道，由內務部分別製定僧道籍證，發交地方官清查，按名填給造冊，彙報內務部。
　　　　　無前項戒牒及僧道籍證者，不得向各寺廟挂單，並赴應經懺，各寺廟亦不得容留。
　　　　　關於第一項及第二項事宜之辦理規則，另定之。

第 四 章　寺廟註冊
第十八條　本條例規定應註冊之事項，須向寺廟所在地之該管地方官署為之。
第十九條　業經註冊之事項，該管官署應即公告，並發給註冊證。
第二十條　凡應註冊之事項，非經註冊及公告，該管地方官不任保護之責。
第二十一條　業經註冊之事項，如有變更或消滅時，須隨時稟請該管官署註冊。
第二十二條　關於註冊之規則，另定之。

第 五 章　罰則
第二十三條　各寺廟僧道或住持不守教規時，該管地方官得申誡或撤退之，其情節較重者，並得加以相當處分。但關於民刑事件，仍由司法官署依法處斷。
第二十四條　凡寺廟住持違背管理之義務者，由該管地方官申誡或撤退之。
　　　　　　寺廟因而受損害者，並任賠償之責。
第二十五條　違背第十條規定，抵押或處分寺廟財產時，由該管地方官署收回原有財產，或追取原價給還該寺廟，並準照第二十三條規定辦理。

（未完）

	因而得利者，併科所得總額二倍以下之罰金，若二倍之數未滿三百圓者，併科三百圓以下之罰金。
第二十六條	依前三條規定撤退住持時，應即由該寺廟僧道另行公舉。
第二十七條	違背第十一條規定侵佔寺廟財產時，依刑法侵佔罪處斷。
第二十八條	各寺廟違背第十七條第三項規定，容留無戒牒或僧道籍證之僧道時，該處住持一圓以上十圓以下之罰金，其有形跡詭異隱匿不報者亦同。
第　六　章	附則
第二十九條	本條例所稱地方官指縣知事而言。
第　三十　條	自本條例公布之日起，內務部頒行之寺院管理暫行規則，及曾經立案之佛道各教會章程，一律廢止之。
第三十一條	本條例自公布日施行。

表3-3　臨時政府期內佛教教會立案一覽表[75]

教別	佛教				
會別	中華佛教總會	蒙藏佛教聯合會	中央佛教公會	中國佛教青年會	番漢僧俗佛教聯合會
發起人	僧敬安、鏡融等	謝震、僧諦閑等	譚光鑑、僧誠修等	王綺等	僧光大、顧瑗等
宗旨	依佛教平等願力宏通二法門，增進人群道德，以期永享共和幸福。	聯合蒙藏，闡揚佛教，促進共和。	歸正信，鞏國基，研求平等真相，共享極樂幸福。	昌明佛教，增進人民道德。	實行慈善教育，聯合番漢僧俗，贊翊共和，共享極樂幸福。
會務	昌明佛學者及教育，隨方說教，廣行慈善，編譯書報，實地調查。	分說教、教育、慈善三種事項	世間法門，分教育、慈善、宏通、生計四項事業；出世間法門，分宏宗、演教、宣律三項事項。	印刷經典，編輯教書，並籌設宣講所、講經所，及各種學校。	整頓寺廟，約束僧眾，振興實業，保存古物。
會址	本部設上海靜安寺	總會設在上海留雲寺	本部設在北京	總事務所設在北京	本部設在五台山
會章	訂有章程二十七條	訂有大綱二十條	訂有章程八十條	訂有章程十一條	訂有簡章十四條
會長	前正會長僧敬安。繼任會長僧清鎔、章嘉呼圖克圖。	未報部	正會長雲升。副會長海清道階。	未報部	未報部
立案時期	元年十二月四日批准	元年十月十一日批准	二年五月十六日批准	二年七月三十一日批准	二年九月三日批准

第四章
知識轉型：近代中國佛教歷史書寫與歷史觀之形成

> 世界學術日進，故近世史家之本分，與前者史家有異。
> 前者史家，不過記載事實；近世史家，必說明其事實之關
> 係，與其原因結果。前者史家，不過記述人間一二有權力者
> 興亡隆替之事，雖名為史，實不過一人一家之譜牒；近世史
> 家，必探察人間全體之運動進步，即國民全部之經歷，及其
> 相互之關係。
>
> 梁啟超，〈中國史敘論（1901年）〉[1]

　　閱覽《佛學叢報》，不難發現十二期中關於佛教歷史的文章占
據極大的篇幅。這顯示出一個值得注意的現象，那就是相對於傳統
重視佛教義理的學問研究，現在是長期置於次要地位的佛教歷史研
究漸露頭角，開始得到研究者關注。打破以往判教史觀，重新以近
代科學研究法撰寫的佛教歷史著作，也推陳出新地接連出書。進一
步說，這些佛教歷史文章的作者不限中國人，亦有日本學者的著作
翻譯連載。顯然此趨勢非一朝一夕所形成，也非單純僅在中國本土

---

[1]　梁啓超，〈中國史敘論（1901年）〉，收錄於梁啓超著；張品興主編，《梁啓超全集》，冊1（北京：北京出版社，1999），頁448。

興起，必須放入近代歷史脈絡與環境變遷中考察，尤其日本因素具
有不可忽視的影響。

　　近代佛教改革僧人釋太虛，1925年曾在《海潮音》評論中國佛
教的歷史敘述：「僅詳事實，關於教理變遷之原因程式，猶少系統
之研究。」[2]湯用彤（1893-1964）亦言：「中國佛教史未易言也。
佛法，亦宗教，亦哲學。宗教情緒，深存人心。往往以莫須有之史
實為象徵，發揮神妙之作用。」[3]均道出中國佛教歷史研究的問題
所在，即缺乏歷史事實前因後果的脈絡敘述，且未跳脫宗教特有的
神話歷史。藍吉富雖曾歸類過現存大約兩百部的中國古代佛教史
籍，其中不乏有傳記體、紀傳體、編年體、會要體、紀事本末體等
類別，其規模體系足可與中國正統史學相媲美。[4]然而，細察《高
僧傳》與《傳燈錄》等佛教史書，僅是記錄一個人或是一個宗派的
傳記，至於學派盛衰之蹤跡，則很難有系統地看出整體面貌，這是
佛教史學殊為可惜之處。

　　於此，本章將審視《佛學叢報》的相關文章，輔以同時期的
中、日佛教期刊，考察近代佛教的歷史書寫與史觀的變化。釐清近
代中國佛教如何受到日本以西方人文科學方式來研究佛教歷史學的
影響？在傳統與近代交織的時代格局下，梁啟超的史學思想革命，

---

[2]　釋太虛，〈會昌以前中華佛教之三大系〉，收錄於太虛大師全書編纂委員會編纂，
　　《太虛大師全書》，（法藏：佛法總學（四）），頁869。
[3]　湯用彤，《漢魏兩晉南北朝佛教史》，頁722。
[4]　藍吉富曾將傳統中國佛教史書歸類為：傳記體，如梁、唐、宋的《高僧傳》與唐朝
　　的《大唐西域求法高僧傳》；紀傳體如宋朝的《佛祖統紀》、《釋門正統》；編年
　　體如宋朝的《隆興編年通論》與宋朝的《佛祖歷代通載》；會要體如宋朝的《釋氏
　　要覽》；紀事本末如唐朝的《集古今佛道論衡》；目錄學書從南北朝的《出三藏
　　記集》，到明朝的《閱藏知津》，現存的佛典目錄與有目無書的典籍約有四十部；
　　國別佛教史與佛教地理書，前者如高麗王朝的《三國遺事》，後者如唐朝的《大唐
　　西域記》等，傳統佛教史學體系與規模可見一斑。參見藍吉富，〈中國佛教史學
　　的規模及其特色〉，收錄於氏著，《中國佛教泛論》（臺北：新文豐出版公司，
　　1993），頁11-12。

及注重科學史學、啟蒙史學與進化史觀等新史學觀點，[5]又是如何影響佛教歷史書寫及其轉變？而在1912年中華民國成立之初，《佛學叢報》如何突顯佛教歷史書寫的轉型意涵？《佛學叢報》又如何呈現清末的進化史觀對於佛教界造成的風潮？將進一步考察與補足。

第一節　佛教歷史書寫之轉型歷程

佛教在中國落地生根，相較於發源地印度，發展出屬於中國特色的佛教文化，並傳播至朝鮮、日本、越南諸國，也在這些國家重新形成各屬本土風格的佛教文化。中國佛教向來以宗派、祖師為其特色，十三個宗派的成立，標幟著大乘佛教的蓬勃事業。當中，因宗派間相互競爭，各自認為本宗才是直接繼承釋迦牟尼佛的正統。為了合理化此種地位，透過編纂史籍將本宗傳統與印度傳承相銜接，[6]也成為佛教史書著述繁多的原因之一。本節將探究歷史書寫的轉型特徵，並以《佛學叢報》撰稿者對於佛教歷史概念認定的不同程度來作理解。藉此釐清傳統宗派與判教的歷史詮釋，迨至近代，是如何轉變為歷史分期的撰寫方式，並探析此轉型歷程之意義。以下將從一、宗派與判教的歷史敘述；二、國粹與中國佛教歷史分期；三、濮一乘與梁啟超佛學思想之比較等三方面，討論近代佛教書寫的轉型問題。

---

[5] 黃克武，〈梁啟超與中國現代史學之追尋〉，《中央研究院近代史研究所集刊》，期41（臺北，2003），頁181。

[6] 藍吉富，〈中國佛教史學的規模及其特色〉，收錄於氏著，《中國佛教泛論》，頁13。

一、傳統佛教史觀：宗派與判教的歷史敘述

　　晚清佛教居士楊文會，登載於1913年《佛學叢報》的〈十宗略說〉，是受到日本鎌倉時代文永年間京都東大寺凝然（1240-1321）《八宗綱要》影響而撰成。鎌田茂雄（1927-2001）指出，明治維新以後的學術界雖有許多佛教概說書籍問世，但都是站在特定宗派立場書寫，介紹八宗的通書少之又少。反觀凝然的《八宗綱要》，能適當地把握八宗教理的要領，是一本易於理解佛教各宗派的著作。[7]佛教居士呂澂（1896-1989）亦曰：「敘說教義，且溯尋史實之徑路，詞句流暢，記載得要，最為一般人所喜誦，初學研究亦堪資取。」[8]

　　〈十宗略說〉與《八宗綱要》同樣闡釋各宗教義，楊文會認為《八宗綱要》引證鮮明，但非初學所能領會，故才作〈十宗略說〉，為求其簡而易曉。[9]惟凝然以詳盡的資料論述八宗歷史脈絡與教義要領，確實比楊氏所著內容要為豐富。二著作中較為特別的，是楊文會將諸宗的教理實際運用在佛教修行上，並以他所認為修行次第的先後順序排列：

　　　　出三世學，以持戒為本，故標榜律宗。佛轉法輪，先度聲
　　　　聞，故次之以小乘二宗。東土學者，羅什之徒，首稱興盛，

---

[7]　凝然主要介紹的八宗為俱舍宗、成實宗、律宗、法相宗、三論宗、天台宗、華嚴宗，以及真言宗。在凝然當時，鎌倉新佛教已然興起，法然和親鸞已開創淨土宗；榮西創始了臨濟宗；道元開創了曹洞宗，因此凝然對於禪和淨土無法漠視，故以附錄之方式，簡單地敘述禪與淨土，加之便為十宗。楊仁山以《八宗綱要》為基底，闡述得淨土宗與禪宗，再將之深化補足內容。凝然大德原著；鎌田茂雄日譯；關世謙中譯，《八宗綱要》（高雄：佛光文化事業公司，2006，2版），頁1-4。
[8]　呂澂，《佛教研究法》，黃懺華，《佛學概論》，頁53。
[9]　楊仁山，〈十宗略說〉，《佛學叢報》，期4（上海，1913），頁1。

> 故次以三論宗。建立教觀，天台方備；賢首闡華嚴；慈恩宏
> 法相，相傳至今，稱為教下三家。拈花一脈，教外別傳；灌
> 頂一宗，金剛密授，故列於三家之後。以上各宗，專修一
> 門，皆能證道。但根有利鈍，學有淺深，其未出生死者，極
> 須念佛生西，以防退墮。即已登不退者，正好面覲彌陀，親
> 承法印，故以淨土終焉。[10]

由此觀之，楊文會首重持戒的律宗。據楊氏所述，唐代道宣律師
（596-667）盛宏此律宗，明末清初江蘇寶華山的三昧律師（1580-
1645）也專以此法規範僧徒。[11]最終，被楊文會視為「圓頓教中之
捷徑」的淨土宗，以修持念佛法門為主，並統攝前九宗：

> 以前之九宗分攝群機，以後之一宗普攝群機。隨修何法，皆
> 作淨土資糧，則九宗入一宗。生淨土後，門門皆得圓證，則
> 一宗入九宗。融通無礙，攝入交參。[12]

審視楊文會的觀點，可看出其主張無論鈍根利根，均適合淨土宗法
門。這也顯示楊文會以佛教居士身分，敘述的雖是佛教宗派演變，
但同時又將歷史發展與信仰的展開相結合。淨土是其最後依歸，並
認為佛教最高信仰也是淨土，故其歷史觀反映出「信仰」，此種信

---

[10] 楊仁山，〈十宗略說〉，頁6-7。
[11] 釋迦牟尼佛於印度波羅奈國鹿野苑中第一次說法，初轉法輪，先度小乘聲聞者，俱
舍宗與成實宗即為小乘宗派。鳩摩羅什（344-413）於姚秦之時來到中國，大規模
翻譯經論，專傳以《中論》、《百論》、《十二門論》總稱為三論的三論宗，故三
論宗為第三順位。隋代智顗（538-597），立天台宗。待至唐代玄奘（602-664）赴
中印度，就學於戒賢論師，「精通此法，歸國譯傳」，是為法相宗，後由窺基大師
（632-682）宏傳。後有唐代法藏（賢首，643-712）興華嚴宗。楊仁山，〈十宗略
說〉，頁4。
[12] 楊仁山，〈十宗略說〉，頁1。

仰性質的佛教史觀對於佛教徒來說，也許更為重要。若以同時期僧人的觀點來看，釋月賓則是闡述華嚴宗為首要入門：「釋迦如來，初成正覺，……為諸根熟大士，說圓滿修多羅，名為頓教，頓教者，即華嚴經也。」[13]據釋月賓所論，《華嚴經》「一真法界」的概念，即我人現前一念之自性；歷代祖師莫不以此明心見性為宗旨。職是之故，可看出釋月賓主張是以《華嚴經》為所依本經的華嚴宗，為佛教修行的入門，而其「頓」教與禪宗的「頓」悟修行法門極為相似。

　　值得注意的是，中國佛教以諸宗立基，雖重義理，然十宗裡的三論宗、天台宗，以及華嚴宗，也發展出一套類似歷史斷代分期的「五時判教」理論，[14]不過，時空範圍僅限於釋迦牟尼在印度演說諸經成立的先後順序，與歷史學所重視的「時間」脈絡並不完全相同。

　　楊文會認為：「以五時八教，判釋東流一代聖教。」[15]釋月賓亦論及「佛之一代時教，判以五時，罄無不盡。」取判教中的「五時說」，將釋迦牟尼成道至入滅間的說法，分為五個階段：

　　　　第一華嚴時。為一類大機，宣說華嚴圓頓之旨，譬如日出，
　　　　先照高山。

---

[13] 釋迦牟尼於靈山會上說法，拈花微笑，付囑摩訶迦葉，為禪宗第一祖，二十八傳，而至梁代菩提達摩（?-535），為東土初祖，至唐代慧能（638-713），數傳又分五宗。密宗則以師徒親受的灌頂法門為主要修持。釋月賓，〈佛學十論〉，《佛學叢報》，期5（上海1913），頁1。

[14] 所謂教判，又稱判教，全稱為「教相判釋」，意即佛教思想本著自家本派的立場，來認識各派佛教的思想，基本上都視之為釋迦的一代說法，但卻在形式、方法、順序、教義內容各方面有不同，由此而對各種經論加以分類，評定其價值，闡明經義。此思想始於鳩摩羅什門下，劉宋時期釋慧觀的判五時教，迄至隋朝天台宗智顗，對南北朝判教進行全面反思和總結概括。王仲堯，〈南北朝涅槃師的判教及其價值意義〉，《普門學報》，期6（高雄，2001），頁1。

[15] 楊仁山，〈十宗略說〉，頁3。

第二阿含時。為一類小智，說小乘阿含等經，如日照幽谷。

第三方等時。為一類漸利之根，彈偏斥小，歎大褒圓，說淨名等經，如日在食時。

第四般若時。為一類淳淑之士，轉教付財，融通淘汰，廣說摩訶放光金剛等諸般若經，如禺中時。

第五法華涅槃時。為一類緣熟上士，正直捨方便，但說無上道，從摩訶般若，出妙法華，法華純一無雜，但顯一乘，又從摩訶般若，出大涅槃。[16]

釋月賓以天台宗釋智顗（538-597）的五時說來闡述釋迦牟尼五時說法。第一時講《華嚴經》，所講為華嚴的最高境界。第二時在鹿野苑講《阿含經》，主要是講原始小乘佛教的教義，如四聖諦、八正道，以及十二因緣。第三「方等」時，有平等正方之意，此階段是由小乘教法過渡到大乘教法的時期。第四時宣講大乘佛法，特別是般若思想。第五時說《法華經》，乃佛法最高境界，[17]臨終時則追講《涅槃經》，「二經同明開顯並屬醍醐，故合為一時。」[18]天台宗認為，釋迦牟尼最高的法要，是在最後一時出的《法華經》，故取《法華經》為依憑。

　　如上所述，天台五時說將佛教經典成立順序編排而出，之後又按照教理的內容與說法的方式，將各種教法分別歸入「化法四教」與「化儀四教」，合稱「八教」，牟宗三（1909-1995）曾論斷：

天台宗的《法華》圓教，吾人可名之曰詭譎圓實教，其前提

---

[16] 釋月賓，〈佛學十論〉，《佛學叢報》，期5（上海，1913），頁3。

[17] 吳汝鈞，《中國佛學的現代詮釋》（臺北：文津出版社，1995），頁43-44。

[18] 〔宋〕釋志磐，《佛祖統紀》，收錄於大正新修大藏經刊行會編，《大正新脩大藏經》，冊49，號2035，頁147中4。

> 如下：I原初的洞見——不斷斷。II一念無明法性心——無住
> 本。III一切法趣空、趣色、趣非空非色。不就佛法身作分析
> 的鋪陳以為圓教，……但就所因處開權顯實以為圓教，故此
> 圓教為真圓實教也。[19]

「圓教」之義為佛教中最完全最究極的教法，能圓融無礙地總合一切佛法的最高教法。天台宗與華嚴宗的先後判教，有系統地對全體佛法作理解與批判，最後皆歸宗於自身各自所代表的圓教。依牟宗三的見解，真正圓滿的佛教教學乃是依據《法華經》「開權顯實，發跡顯本」的本旨而成立的天台宗教學。

　　稍異於牟宗三推崇天台教學的觀點，馮友蘭（1895-1990）則主張華嚴宗法藏的「論五教」：

> 華嚴宗之判教，將佛教中諸派別整齊排比，使其在一整個的
> 系統中，皆自有相當之地位，使諸派別所說之義理，均為一
> 整個的真理之一方面。[20]

由此可見，法藏對於釋迦牟尼的一代時教，依其說法的形式和內容，定出深淺，與天台宗的五時八教相對峙，判釋為五教十宗，並將《華嚴經》置於教義上的最高權威。

　　佛教學者釋顯珠（1858-1917）則是以華嚴宗法藏的「五教十宗」理論為出發點，用來對應天台的思想。其認為：「分教攝經者，先分教，次攝經。分教者，依賢首大師，分為五教，為小、

---

[19] 牟宗三，《佛性與般若》，冊下（臺北：聯合報系文化基金會，2003），頁618。
[20] 馮友蘭，《中國哲學史》，冊下（臺北：臺灣商務印書館，1993），頁740。

始、終、頓、圓也。」[21]華嚴之小教者，即同天台之藏教；華嚴之大乘始教者，即同天台之通教；華嚴之大乘終教者，即天台別教。華嚴之大乘頓教者，即天台別教義；華嚴之一乘圓教者，亦即天台圓教。天台宗五時說的分類，不啻是最早將佛教經典成立作出階段分期；天台宗與華嚴宗的判教義理，更賦予佛教重要經典更深層的意義。傳統佛教的歷史書寫多是遵循上述這種「判教」方式。

必須指出的是，此種按照時間順序的判別方式，是依據宗派的正統性與權威性所需，按照各自教義編排而出，並不代表經典產生先後的歷史時間真實次序，因此呂澂才會批判：「我國昔時佛教史家頗多，著作亦見繁出。但有一通病，喜偏護所宗一派學說，而不能持公平的態度。」譬如元朝釋志磐所撰《佛祖統紀》，卷軸浩繁，不失為一大通史，然著者為天台宗門人，偏從五時八教之說，便很難顯露佛教歷史的真相。[22]迨至近代，逐漸發展出藉由史學方法來進行佛教歷史分期。

二、近代歷史學雛形：國粹與中國佛教歷史分期

宋朝以前的佛教史著作較不涉及宗派，故宋以前宗派概念並不明顯。迨至宋時宗派觀念越趨成熟，尤以天台宗和華嚴宗為爭取正統，其佛教史著作宗派色彩相當濃厚，才漸有宗派史之出現。現今檢討宗派史，因有這些宗派大量地收集資料，才能提供學人研究佛教史。同時，因強調各自宗派，遂未能較全面地呈現中國佛教歷史。

---

[21] 釋顯珠編，〈維摩詰所說經講義錄卷一之上〉，《佛學叢報》，期5（上海，1913），頁5。
[22] 呂澂，《佛教研究法》，黃懺華，《佛學概論》，頁49。

　　濮一乘發表於《佛學叢報》的〈中華民國之佛教觀〉一文，在推崇佛教為國粹的背景下，回溯佛教歷史，將中國佛教歷史作三階段的歷史分期，已具佛教通史書寫的雛型。值得注意的是，傳統宗派、判教的佛教史觀，是如何轉型為時代分期的近代歷史學通史性史觀？

　　佛教傳統經典描繪的世界觀，是以須彌山為中心，四方海中有四大部洲圍繞。譬如《起世經》記載「世界」結構：

> 須彌山王，北面有洲，名欝單越，……。東面有洲，名弗婆提，……。西面有洲，名瞿陀尼，……。南面有洲，名閻浮提。[23]

近代許多佛教學者試圖將其合理化。釋太虛解說須彌山是太陽系，水、金、地、火四行星即四大洲，太陽與八大行星輪軌間譬喻成海，實為「以太」及空氣。[24]王季同（1875-1948）認為：

> 佛教底天文學，稱我們所居之地叫「四天下」，四天下之中有「須彌山」，須彌山四面有東南西北四大洲，最外有「鐵圍山」。……倘使把須彌山當地球，須彌山頂當北極，須彌山腰當赤道，鐵圍山當南極講，那麼上說的，就和新知識一般無二。[25]

23　〔隋〕闍那崛多等譯，《起世經》，收錄於大正新修大藏經刊行會編，《大正新脩大藏經》，冊1，號0024，頁311中6。

24　釋太虛，〈真現實論宗依論（中）〉，太虛大師全書編纂委員會編纂，《太虛大師全書》（論藏：宗依論（二）），頁232。

25　王季同，〈唯識研究序〉，《蘇州覺社年刊》，期2（蘇州，1935），頁21-22。

釋印順（1906-2005）曾指出王季同比喻須彌山為北極，四大洲是地球上的四個大陸，閻浮提限於亞洲一帶。[26]然印順則認為須彌山即今喜馬拉雅山。[27]濮一乘以為：「須彌山在香水海中，……釋迦牟尼佛所化之土曰娑婆。……佛言：世界無邊。……四洲之人，壽命身量，衣食住處，各各不同。」[28]濮文重點是為了在中華民國建國之初，將作為「國粹」的佛教介紹給眾人，故以佛教世界觀作鋪陳，帶入佛教在中國發展的時代分期。

　　清末章炳麟等人主張的「國粹激勵種性」，試圖以漢族的歷史記憶激勵種族自覺。[29]主張國粹運動的思潮亦影響佛教界知識分子，不過界定對象為「佛教」，與晚清學人有所差異，像是濮一乘認為佛教是中華民國唯一之國粹，因國粹者，是「本國固有」之思想文化，「維繫本國普通之心理，發揮本國固有之精神，鞭策本國將來之進步。他國之人可以效法，而不可以剿襲，他國之學可以附益，而不可以轉移者。」[30]濮氏為了印證中國佛教已非純印度的產物，而是中華民國的國粹，開始溯源佛教歷史的發展，「佛教雖發生於印度，而中國始極其盛。……則中國所發明光大者，多在印度佛教之外。」這點與章炳麟所說「釋迦氏論民族獨立，先以研求國粹為主。國粹以歷史為主」，[31]實有殊途同歸之妙。

　　濮一乘的佛教歷史敘述已非傳統的五時判教，而是將中國佛

---

[26] 釋印順，《印順法師佛學著作全集》，卷4（北京：中華書局，2009），頁82。

[27] 釋印順，《佛法是救世之光》，收錄於氏著，《妙雲集・下編》，冊11（新竹：正聞出版社，2000），頁421。

[28] 閻浮提即為娑婆，指我們居住的世界。濮一乘，〈中華民國之佛教觀〉，《佛學叢報》，期1（上海，1912），頁4。

[29] 王汎森曾論析晚清國粹意識論者的兩個共識：一是跳過清代官方之正統來重估中國文化的「粹」之所在。二是追求中國古代真正的理想。王汎森，〈清末的歷史記憶與國家建構──以章太炎為例〉，收錄於王汎森，《中國近代思想與學術的系譜》（臺北：聯經出版公司，2003），頁97。

[30] 濮一乘，〈中華民國之佛教觀〉，《佛學叢報》，期1（上海，1912），頁4。

[31] 湯志均編，《章太炎政論選集》，冊上（北京：中華書局，1977），頁277。

教歷史分為三個時代：「胚胎時代」、「全盛時代」、「式微時代」（見表4-1）。根據濮氏的分類，胚胎時代是指周秦以迄至漢魏時代：

> 佛教之入中國，斷以後漢明帝之時，為當蔡愔之去，摩騰之來，白馬載經，雍門建寺，史冊所紀。……特以正法初來，根機未熟，故譯經多取小乘之法，不出人天之說。魏吳之間，保世滋大矣。[32]

佛教在東漢明帝時傳入中國，據《魏書・釋老志》記載：

> 後孝明帝夜夢金人，項有日光，飛行殿庭，乃訪群臣，傅毅始以佛對。帝遣郎中蔡愔、博士弟子秦景等使於天竺，寫浮屠遺範。[33]

蔡愔在中天竺大月氏遇迦葉摩騰（?-73）與竺法蘭，二僧遂以白馬馱經到洛陽。永平10年（67）明帝令建白馬寺，成為天下寺宇之祖。此時佛法初傳東土，中國知識分子對於源自印度的佛教教義多感陌生，因此以儒道兩家既有的思想概念去詮釋佛教教理。例如以道家的「無」比喻佛教的「空」，「以經中事數擬配外書，為生解之例，謂之格義」，[34]格義佛教因此出現。故當時佛教僧人解釋經典時，多以格義釋之。

---

[32] 濮一乘，〈中華民國之佛教觀〉，《佛學叢報》，期1（上海，1912），頁5。

[33] 〔北齊〕魏收撰；楊家駱主編，《魏書》（臺北：鼎文書局，1980），頁3025。

[34] 〔梁〕釋慧皎，《高僧傳》，收錄於大正新修大藏經刊行會編，《大正新脩大藏經》，冊50，號2059，頁347上18。

表4-1　濮一乘的佛教歷史分期

名稱	期別
胚胎時代	周秦以迄漢魏時代
全盛時代	兩晉以迄元明之際
式微時代	明初以迄1912年中華民國建立之初

資料來源：濮一乘，〈中華民國之佛教觀〉，《佛學叢報》，期1（上海，1912）頁5-16。

　　濮一乘認為，中國佛教發展全盛時代是兩晉以迄至元明。濮氏進一步指出中國文化歷久悠長，賢哲輩出，非北歐諸國、日本、暹羅（泰國）、美利堅（美國）、英吉利（英國）可比擬。佛教未來中國之前，周秦的諸子百家，西漢的儒術早已豐富成熟。迨佛教傳來，則更充實魏晉的名理。濮氏羅列出十三個宗派（見表4-2），除了天台宗與淨土宗是從中國本土發跡，其他則繼承自印度以來的祖師法脈，後來在中國開枝散葉。

表4-2　濮一乘佛教歷史分期之區域流變

國名 宗名	印度	中國			朝鮮	日本
		初起時	中盛時	後衰時		
俱舍宗	極盛	陳	唐	晚唐以後	無	其學尚傳但無專宗
成實宗	極盛	東晉	六朝	中唐以後歸入三論	無	不盛
三論宗	極盛，是為大乘空宗	東晉	六朝	晚唐以後	盛	不盛
法相宗	極盛。是為大乘有宗	初唐	中唐	宋以後	盛	盛
攝論宗	不盛	陳	陳隋間	初唐以後歸入法相	無	無
華嚴宗	不盛	陳	唐	宋以後	盛	盛
地論宗	不盛	梁	陳隋間	唐以後歸入華嚴	無	無
天台宗	無	陳隋間	隋唐間	晚唐以後	不盛	日蓮宗由此開出

宗名 ＼ 國名	印度	中國			朝鮮	日本
		初起時	中盛時	後衰時		
涅槃宗	不盛	東晉	南北朝	陳以後歸入天台	無	無
律宗	小乘有大乘無	梁	唐	元以後	無	不盛
禪宗	僅二十八祖密傳衣缽而已	梁	唐	宋以後	極盛	盛
真言宗	不盛	中唐	唐宋元	明以後	不盛	極盛
淨土宗	無考	東晉	唐宋間	明末以後	極盛	極盛。近日本願寺一派興而其義失矣

資料來源：濮一乘，〈中華民國之佛教觀〉，《佛學叢報》，期1（上海，1912），頁15-16。

　　濮一乘認為中國佛教式微時代是明初至中華民國建立之初。濮氏感嘆全盛時期的十三宗在式微時代已逐漸沒落。其中，成實宗、涅槃宗、地論宗、攝論宗四宗已歸入他宗所屬，故僅存九宗。[35]值得注意的是，九宗雖如濮一乘所說從明代已開始式微，但自清末開始，佛教居士楊文會便從日本引入中國因戰火亡佚的傳統佛門經典。楊文會於倫敦結識日本學者南條文雄，得知其蒐集有中國早已失傳的大藏典籍，楊氏便請南條將這些經典從日本帶回中國，在其創辦的金陵刻經處編印出版。晚清佛教居士桂伯華（1861-1915）留學日本時，也從釋雲照學習真言宗。審視在清末之際佛門之人的努力與中、日佛教往來頻繁，從日本取得中國早已亡佚的典籍並刻印流布，是使近代中國佛教能從衰落中再度興起的關鍵因素。因此，佛教發展似未如濮氏所言之「式微」。

　　綜觀三期的發展，顯示出兩個佛教歷史變遷現象，一是佛教雖

發跡於印度，然到中國才是極盛，另一是佛教雖也廣傳其他國家，但中國實為開諸宗者。如以中國為中心，中國佛教之輸入是以印度為宗；中國佛教之輸出是以朝鮮、日本為盛。但若檢視濮一乘將中國佛教歷史分期化的概念，實非濮氏本人首創，而是與清末的史學革命密切相關。

三、濮一乘與梁啟超佛學思想之比較

宗派在佛教歷史上的意義固然不可抹滅，但對時人而言更重要的是，一本貫通內外古今的佛教通史，更能符合快速理解佛教歷史整體演變者的需求。[36]

梁啟超在1902年撰寫的《論中國學術思想變遷之大勢》，將中國數千年學術思想劃分為八個時代（見表4-3），此種異於傳統史書以統治者為中心之通史性質的歷史書寫，伴隨著新史學革命而影響一代學人。濮一乘於1912年發表的佛教歷史三階段分期，亦突破傳統宗派史觀，展露佛教通史的雛形。於此，本段欲比較二者的觀點，各存在何種思想意義。

表4-3　梁啓超中國學術思想之分期

名稱	期別
胚胎時代	春秋以前
全盛時代	春秋末及戰國
儒學統一時代	兩漢
老學時代	魏晉
佛學時代	南北朝、隋、唐

---

[36] 通史性質的歷史觀與歷史書寫，受到梁啓超於清末所帶來的史學革命影響，突破傳統以帝王為中心的史觀，批判過去中國歷史書寫的病源：「知有朝廷而不知有國家；知有個人而不知有群體；知有陳跡而不知有今務；知有事實而不知有理想。」梁啓超著；夏曉虹點校，《清代學術概論》，頁231-237。

名稱	期別
儒佛時代	宋、元、明
衰落時代	明亡以迄清末
復興時代	梁啟超書寫此作之際（1902）

資料來源：梁啓超著；夏曉虹點校，《清代學術概論》，頁5。

　　審視濮一乘與梁啟超關於佛教發展的詮釋，會發現濮氏將佛教的全盛時期定位在兩晉到明朝，梁氏則是將佛學時代劃限於南北朝至唐朝。為何有此劃分之差異？筆者推測專以佛教歷史脈絡作分段的濮一乘，是以中國大乘宗派發跡時的晉朝為起點，各宗式微的明朝為終點，作為佛教全盛時期的認定標準。其中又細分為初起、中盛，以及後衰三個階段。十三宗裡，成實、三論、涅槃、淨土均起於東晉；俱舍、攝論、華嚴、天台起於南朝陳；地論、律宗、禪宗起於南朝梁；法相起於初唐；真言起於中唐。十三宗的中盛時間是以南朝陳為起點，宋元為終點。後衰則是始於晚唐終於明末以後（見表4-4）。

表4-4　梁啓超〈佛學時代〉之十三宗在中國、印度的流變

宗名	開祖	印度遠祖	印度	中國	初起時	中盛時	後衰時
成實宗	鳩摩羅什	訶梨跋摩	創之而未行	極盛	晉安帝時	六朝間	中唐以後
三論宗	嘉祥大師	龍樹、提婆	有而不盛	極盛	晉安帝時	六朝間	中唐以後
涅槃宗	曇無讖	世親			晉安帝時	宋、齊	陳以後歸天台
律宗	南山律師	曇無德	極盛	次盛	梁武帝時	唐太宗時	元以後
地論宗	光統律師	世親			梁武帝時	梁、陳間	唐以後歸華嚴

宗名	開祖	印度遠祖	印度	中國	初起時	中盛時	後衰時
淨土宗	善導大師	馬鳴、龍樹、世親	極盛	次盛	梁武帝時	唐、宋、明	明末以後
禪宗	達摩大師	馬鳴、龍樹、提婆、世親	無	特創極盛	梁武帝時	唐、宋、明	明末以後
俱舍宗	真諦三藏	世親	有而不盛	極盛	陳文帝時	中唐	晚唐以後
攝論宗	真諦三藏	無著、世親			陳文帝時	陳、隋間	唐以後歸法相
天台宗	智者大師		無	特創極盛	陳、隋間	隋、唐間	晚唐以後
華嚴宗	杜順大師	馬鳴、堅慧、龍樹	無	特創極盛	陳	唐則天後	晚唐以後
法相宗	慈恩大師	無著、世親	極盛	極盛	唐太宗時	中唐	晚唐以後
真言宗	不空三藏	龍樹、龍智	極盛	甚微	唐玄宗時	中唐	晚唐以後

資料來源：梁啓超著；夏曉虹點校，《清代學術概論》，頁78、88。

　　不同於濮一乘的觀點，梁啟超將儒釋道三家的學問發展放入中國學術思想的興衰一起考察。梁氏指出魏晉時期非佛學時代的原因：

　　佛學雖自漢明以後已入中國，苻秦崇法，廣事翻譯，宗風漸衍，然謂之為佛學萌芽時代則可，竟謂之為佛學時代則不可。蓋當時之治佛學者徒誦讀經文，歸依儀式，而於諸乘理法曾無所心得也。[37]

---

[37] 梁啓超著；夏曉虹點校，《清代學術概論》，頁73。

魏晉之際，雖有鳩摩羅什、曇無讖（385-433），以及佛陀跋陀羅（359-429）等譯師翻譯《般若經》、《法華經》、《大般涅槃經》、《華嚴經》四大經典，中國大乘佛教重要宗派便是以四大翻譯的經典為基礎建立起來。不過此時期僅能說是佛學的奠基時代，真正開花結果的全盛時期，梁啟超認為是六朝至隋唐：

> 吾昔嘗論六朝、隋、唐之間，為中國學術思想最衰時代。雖然，此不過就儒家一方面言之耳。……當時於儒家之外，有放萬丈光焰於歷史上者焉，則佛教是也。[38]

梁氏所論六朝至隋唐的學術發展趨勢，便是佛學盛極的年代。

　　濮一乘之中國佛教歷史分期，雖是以梁啟超之中國學術思想分期為範本，然濮氏除加入十三宗在日本與朝鮮的淵流與興衰的朝代，亦指出清末時以楊文會為中心的刻經事業，為日漸垂暮的中國佛教注入一股活水泉源。對此，1902年梁啟超未曾提及，但在1920年《清代學術概論》論及晚清思想時，花了一個篇幅講述「晚清思想界有一伏流，曰：佛學。……而凡有真信仰者，率皈依文會（楊仁山）。」[39]由此觀之，濮一乘提出的論點與時代背景的要素，可說具有承先啟後的關鍵意義。

　　梁啟超指出過去史家只記述有權力者興亡隆替之事，實不過為一人一家之譜牒；而近世史家開始探察國民全體之經歷，及其相互之關係。[40]藉由《佛學叢報》有關佛教宗派、判教，以及初步的歷史分期，亦可得知濮一乘在書寫中國佛教歷史之時，打破宗門判教

---

[38] 梁啓超著；夏曉虹點校，《清代學術概論》，頁74。
[39] 梁啓超著；夏曉虹點校，《清代學術概論》，頁219。
[40] 梁啓超，〈中國史敘論（1901年）〉，收錄於梁啓超著；張品興主編，《梁啓超全集》，冊1，頁448。

的史觀，展現通史性質的雛型。濮一乘與梁啟超帶來的新史學革命相類同，均具有突破傳統的歷史撰寫，展現近代歷史學書寫的轉型意義。

值得深究的是，《佛學叢報》有關佛教歷史文章的作者不限中國學者，亦有日本學者的著作翻譯連載。顯然此趨勢非一朝一夕所形成，也非單純僅在中國本土興起，必須放入近代歷史脈絡與環境變遷中考察。一旦將視野範圍擴大跨足中國周邊的國家，會發現此種書寫轉型的先驅者並非中國而是日本。下節將進一步考察上述知識轉型的來源，探析《佛學叢報》所展現近代中國佛教歷史書寫轉型的日本因素，並闡述日本方面對於佛教歷史觀念的轉換，是如何直接、間接影響中國知識分子的觀點。

第二節　近代佛教歷史書寫的日本因素

釋東初曾論析日本佛教研究的世態，明治以前的日本佛教，乃承繼中國佛教研習的風格。明治以後，由於日本接受西方文化，佛教也隨之採取西方治學的方法，而以歷史進化論的方式，哲學的觀念，來衡量佛法。[41]呂澂指出，日本方面關於佛教史之研究，因能兼用中國及西歐之資料，故造詣亦頗楚楚可觀。[42]釋東初認為日本的佛教史研究是取汲西方進化論的方法，呂澂更指出其中也包括中國佛教的材料。

中國佛教史研究受到日本因素影響亦不容忽視。《佛學叢報》收錄楊文會所著〈十宗略說〉，即是以日書內容為基底撰成。1928

---

[41] 釋東初，《中日佛教交通史》（臺北：中華佛教文化館、中華大典編印會，1970），頁667。

[42] 呂澂，《佛教研究法》，黃懺華，《佛學概論》，頁40-41。

年由蔣維喬（1873-1958）所著的《中國佛教史》，被稱為中國第
一部佛教通史，亦是參考日人境野哲的《支那佛教史綱》著作而完
成。值得注意的是，《佛學叢報》最早翻譯日人的佛教史書籍介紹
給中國人閱讀，此種翻譯刊載的形式，亦讓其後出版的佛教刊物
爭相仿效。《佛學叢報》譯刊1890年由島地默雷與織田得能合著的
《三國佛教略史》，分述印度、中國、日本三國之佛教史，以及
1902年永井龍潤所寫《通俗佛教歷史問答》，即在此環境背景下成
書。然而，明治時期諸多關於佛教史的著述，《佛學叢報》何以
挑選這幾本日書在1912-1914年連續刊載？其意義何在？本節將試
析之。

一、文化倒流：日本佛教歷史書寫的改革及對中國 佛教之影響

文化的「倒流」一詞出於季羨林（1911-2009）所寫〈佛教的
倒流〉，季氏認為在中印佛教文化交流史上，有一很有趣的現象，
即從中國接受了從印度傳來的佛教後，並非墨守成規，原封不動地
將之保留下來，而是加以改造和提升。尤其在義理方面，中國高僧
在長時間的鑽研中有許多新的發展，當中有的又「倒流」回印度，
形成了「佛教的倒流」。[43]佛教在清末民初的文化現象亦復如此，
與其說「文化交流」，視為「文化倒流」毋寧更為貼切，亦即中國
傳至日本的佛教，經過日本吸收西學洗禮後又反傳回中國，並為當
時學人所接受。

---

[43] 季羨林著；季羨林研究所編，《季羨林談佛》（北京：當代中國出版社，2007），
頁146-147。中國佛教在歷史上關於「文化倒流」現象記載甚多，如《佛祖歷代通
載》記錄唐玄宗開元二年（714），梵僧攜回永嘉大師著的《證道歌》到印度，「彼
皆欽仰，目為東土大乘經。」〔元〕念常，《佛祖歷代通載》，收錄於大正新修大
藏經刊行會編，《大正新脩大藏經》，冊49，號2036，頁589上16。

　　日本在奈良時代已有《延曆僧錄》等僧傳著述，到了鎌倉時代，有凝然的《三國佛法傳通緣起》與虎關師鍊（1278-1364）的《元亨釋書》等佛教史書編撰。其中《三國佛法傳通緣起》試圖立足印度、中國、日本三國佛教史觀，寫成一本綜合性的佛教史，然成書軸心仍以諸宗派的教學系譜為主。到了近世，有卍元師蠻（1626-1710）《本朝高僧傳》這類大部頭的僧傳成書，反映以考證方式撰寫佛教史的趨勢出現。但是作為佛教通史性質方面的歷史敘述，還是未能超越《三國佛法傳通緣起》的層次，即缺乏打破宗派史觀，以統合的角度洞察佛教歷史。江戶幕府時代，有德川光圀（1628-1701）主持編纂的《大日本史》，以及嘉永元年（1848）真宗大谷派僧人可庵編集《國史佛法鈔》。然前部基於儒學與神道的立場，在「佛事志」的部分多含排斥，後部則僅從「六國史」中摘錄，很難稱得上是「佛教歷史」。[44]

　　明治時期，研究者認為佛教界面臨的根本課題，是對傳統佛教進行適應近代社會的改造。[45]佛教歷史書寫亦復如此。為了將佛教史研究推廣至社會，村上專精、鷲尾順敬（1868-1941）與境野哲在明治27年（1894）創辦《佛教史林》，包含學術和宗教（信仰），其價值被現代佛教學者末木文美士讚譽為「終於寫下了作為

---

[44] 荻野由之，〈佛教史研究に對する希望〉，《佛教史學》，第1編第6號（東京，1911），頁51-53。「六國史」包括《日本書紀》、《續日本紀》、《日本後紀》、《續日本後紀》、《日本文德天皇實錄》，以及《日本三代實錄》。

[45] 明治維新迎來了日本作為近代國家成熟發展的階段，在「文明開化」號令中取效西方，自然科學與人文科學成為日本知識界的風尚。佛教界方面，雖受「神佛分離令」與「廢佛毀釋」衝擊，但也因一批有志者痛定思痛的努力下，使日本近代的佛教研究日趨成熟，成果豐碩。明治初年的「神佛分離令」，與設置宣教使後的種種舉措，使神道成為國教，實施神道與天皇為核心的「祭政一致」，長期以來在幕府保護下享有特權的佛教受到直接衝擊。這對早在幕末晚期已露端倪的排佛風氣起了推波助瀾的作用，全國興起「廢佛毀釋」的浪潮。佛教界有志者除積極派遣留學僧赴海外學習與考察，建立學校，並藉由創辦佛教報刊來推動佛教革新。楊曾文、張大柘、高洪著，《日本近現代佛教史》，頁49、91、94。

近代學術的佛教史研究的第一步。」[46]翻閱《佛教史林》創刊號卷頭發刊辭，其目的是為了敘述佛教史研究的必要性，[47]揭示出嶄新的學問宣言。根據1914年村上專精的回憶：

> 傳統以來，歷史意識的缺乏，是東洋（日本）的特徵，尤其是在歷史上，講佛教史的人很少。……歷史思想缺乏的結果，在教理研究上面，易失諸正鵠。迨我輩去到東京，見聞西洋式的新式研究法，雖然有諸多的學問，然而不從歷史角度來研究它的人可說是一個都沒有。哲學有哲學史的研究法，倫理學有倫理學史的研究法，……這就是西洋式的新式研究法。[48]

引文可知，日本傳統對於歷史意識缺乏的弊病，藉由明治時期從西方引進的新式研究法，開展了村上的研究視野，開始重新評估日本的學問，尤其是歷史研究方面。村上進一步反思，日本是個佛教國家，除去了佛教史日本歷史就無法成立。其認為日本儒學者中熟讀中國二十一史的經學家，或是熟讀日本國史的國學者，乃至於神道本身也是在日本歷史上成立的。故無論是經學家、國學家以及神道者，多少都要具備歷史的觀念；唯獨日本佛教徒缺乏歷史思想。[49]村上後續出版的《日本佛教史綱》，繼承《三國佛法傳通緣起》以諸宗派為中心的論點，再加上該時代的政治關聯與制度的變遷，被

---

[46] 末木文美士、松尾剛次、佐藤弘夫等編集，《近代国家と仏教》（東京：佼成出版社，2011），頁332-333。

[47] 村上專精，〈佛教史研究の必要を述べて發刊の由來となし併せて本誌の主義目的表白す〉，《佛教史林》，期1（東京，1895），頁1。

[48] 村上專精，《六十一年》（東京：丙午出版社，1914），頁293、296。

[49] 村上專精，《六十一年》，頁294、297。

日本學界認為是全面性歷史敘述的展開，影響到後來日本佛教史的研究。

　　日本關於中國佛教史的研究以境野哲為先行者。道端良秀（1903-?）於1937年回顧明治時期以來十八本中國佛教史的專門著作，發現這些所謂的「通史」大部分是「教科書」形式。[50]檢視近代的佛教歷史研究，明治時期實屬開創階段，一本具教科書性質的佛教通史，確有其重要性。教科書當中亦有佼佼者，以境野哲所著的《支那佛教史綱》、《支那佛教史講話》與其遺稿整編而成的《支那佛教精史》，是「奮勇前進至前人未踏的世界，開發了許多的新研究，解決了諸多的疑問。」[51]

　　近代中國佛教學者撰寫中國佛教史書，使用日書為底本的現象值得關注。釋東初的研究發現，釋太虛在1922年創辦的武昌佛學院，即由史一如（法號慧圓居士，1876-1925）將《支那佛教史綱》譯成漢文，名為《中華佛教史》，作為佛學院教材。1928年，蔣維喬採用慧圓居士譯本，首尾增加兩章，名曰《中國佛教史》，故蔣氏之中國佛教史，即境野哲之《支那佛教史綱》的前身。[52]蔣維喬在《中國佛教史》記錄其成書背景：「是書以日本境野哲所著《支那佛教史綱》為依據。惟原書所引事實，不免錯誤，訛字尤多。今檢閱《正續藏經》，於其錯誤者改正之，缺略者亦補之。」[53]蔣維喬撰寫此書的出發點，是因中國於佛教義理方面有特別發達的學問，「多有獨自成宗者，但卻並不注重佛教歷史的研

---

[50] 道端良秀，〈「支那佛教史」の既刊書概觀〉，《支那佛教史學》，卷1期1（1937，京都），頁123。
[51] 道端良秀，〈「支那佛教史」の既刊書概觀〉，《支那佛教史學》，卷1期1（1937，京都），頁125。
[52] 釋東初，《中日佛教交通史》，頁696。
[53] 蔣維喬，《中國佛教史》，凡例（無頁碼）。

究，至今沒有可供參考的系統典籍出現。『歷史之研究，實足為教理之輔助』。」該書則被稱之為「一部名實相符的系統的中國佛教通史。」[54]

　　觀察上述日人撰寫佛教史書之關懷，可總結三種不同類型。第一種是為了理解印度佛教，從傳入中國後的佛教發展找尋其思想資源。第二種是為求理解日本佛教，向上溯源至中國佛教尋求其傳來的影響與變化，境野哲的研究徑路即屬此類。第三種則是以教團史與文化史為中心直接深入中國的研究，昭和時期（1926-1989）進行的研究項目則屬於此。

　　比起作為研究先驅的《佛教史林》，或是道端良秀羅列日本所著的中國佛教史著，更早在日本出版的《三國佛教略史》則多被研究者忽略，卻在1912年由《佛學叢報》開始翻譯連載。

二、《佛學叢報》的中譯日籍

　　近代中、日佛教界往來頻繁，上海佛教界可視為一縮影。[55]戊戌變法失敗後，狄葆賢二度赴日；《時報》編輯包天笑亦曾應日本新聞社對於上海報館記者的邀約，隨團考察日本新聞事業。[56]由此觀之，《佛學叢報》收錄譯刊以日書為主，有《三國佛教略史》、《佛教歷史問答》以及〈釋迦牟尼佛傳〉。審視《三國佛教略史》，可知學人若欲研究佛教史，應先明瞭佛教傳播之地域。以佛教創始地印度為始，南由錫蘭漸傳於緬甸、暹羅（泰國）、南洋等地，北則從中亞、西域傳自中國、朝鮮、日本等地，分布範圍極為廣泛。誠如呂澂所言：

54　蔣維喬，《中國佛教史》，頁291-292。
55　阮仁澤、高振農主編，《上海宗教史》，頁326。
56　如大阪的朝日新聞。包天笑，《釧影樓回憶錄》，冊中，頁511-531。

> 然變遷最著而史實足徵者，惟印度、中國、日本三地，即古
> 來所稱三國佛教也。……《三國佛教略史》，全部三卷，分
> 述印度、中國、日本三國之佛教教會史，為日人最初之佛教
> 史書以日文著述者。體裁用編年式，而材料多不能脫舊傳之
> 範圍，斯為可憾。十餘年前，我國曾有譯本刊行。[57]

呂澂一方面肯定印度、中國以及日本三地佛教史的重要性，指出
《三國佛教略史》為日人最早用日文書寫的佛教史著作；另一方面
又感嘆作者未能使用新材料。但《三國佛教略史》作為中國近代最
早被刊譯介紹給知識分子的佛教史書，其地位頗值關注。

　　《三國佛教略史》之作者島地默雷與織田得能均為日本淨土真
宗本願寺派僧人，該書基本上承續凝然《三國佛法傳通緣起》以印
度、中國、日本為主的討論範圍。惟不同於凝然的宗派史觀，《三
國佛教略史》是以佛教史實發展順序為書寫形式。檢閱其序言，可
知此書寫作的特色與要點：

> 佛出世入滅，年時傳述不同，古來已有三十三種之異
> 說。……佛降誕月日，亦有異說。……出家成道年時，亦有
> 異說。……成道日月，諸說亦不一。……本史編修之意，欲
> 充教科業書用。[58]

島地默雷與織田得能以「釋疑」角度出發，考證《瑞應本起經》、

---

[57] 呂澂，《佛教研究法》，黃懺華，《佛學概論》，頁29、41。
[58] 島地默雷、織田得能合著，〈三國佛教略史凡例〉，《佛學叢報》，期1（上海，1912），頁1。

《菩薩本起經》、《佛祖統紀》及《釋氏稽古略》等，知悉釋迦牟尼佛出生為周昭王26年甲寅（BC.1027）4月8日；入滅涅槃時年為周穆王53年壬申（BC.949）2月15日；十九歲出家，三十歲成道。史料的侷限使島地有感於在印度歷史不記年時，佛教在印度幾乎無史。傳至中國雖有《傳燈錄》、《高僧傳》、《佛祖統紀》等，卻皆止於宋明以上未及清朝。日本亦僅有《元亨釋書》、《高僧傳》，寥寥無幾。以島地之見，佛教長時間流布遍及數國，而未有一史貫通內外古今，豈不遺憾，故作此書。

　　必須指出的是，島地聲稱「然事涉三國，文獻不足，紀有望洋之嘆故。」[59]據1914年村上專精在東京帝國大學教職員休息室的聽聞記載：

> 明治八年（1875）以來，國庫投入龐大費用，收集被隱沒於日本全國的史料，直至今日，已累積如山。然而，這些史料中，佛教史的材料就多達三分之二以上。[60]

引文可見，日本當時已開始注重歷史材料，不但傾國家之力蒐集，也取得大量的佛教史料。據此判斷，村上在1875年時即得知日本政府開始進行蒐集史料工作的消息；於1890年成書《三國佛教略史》的島地，應該不知有此批史料，故發文獻缺乏之慨歎。查閱1901年至1943年大藏省印刷局出版的《官報》，可發現「學事」一欄持續刊載由東京帝國大學文科大學史料編纂所出版的《大日本史

---

[59]　島地默雷、織田得能合著，〈三國佛教略史序〉，《佛學叢報》，期1（上海，1912），頁1。原文為島地默雷，織田得能著，《三國佛教略史》（東京：鴻盟社，1890）。

[60]　村上專精，《六十一年》，頁294、297。

料》。[61]這部受到佛學界重視的大部頭史料集，推測就是村上專精所說的傾國庫之力收編之史料集。其中出版於明治44年（1911）的第六編第十冊，大量收錄與佛教相關的史料，由日本佛教史學會編輯的《佛教史學》也關注這一冊的佛教史料，並指出所謂南北朝的史實，傳統大多未廣為世間所知，主要是因缺乏當時的史料之故。而在此冊見到與佛教相關的史料，卻極為豐富。[62]

　　釋大醒（1899-1952）於1935年遊歷日本時，參觀政府特設於東京帝國大學的史料編纂所。大醒回憶，此為日本的一個國史館。內部分十二部，部長就是史料編纂官，下面設有官補，現有編纂官十餘人，其餘辦事員一百多名。編纂之《大日本史料》，就好像中國之《二十四史》一類的史書。大醒並請教編纂官鷲尾順敬關於佛教歷史的部分，是否應特別分出？鷲尾回答：「日本的佛教是不能離開日本的文化的，所以在《大日本史料》中，佛教沒有特別分開。……現在編成的材料有二十萬點（件）以上，關於佛教與中國文化的有過半數。」大醒不禁感嘆：「我國的各種史書上，把僧侶同道士女流放在末後，……。到了現代，中國的佛教不如日本的佛教受國家政府的尊崇和助力，也可以說全是受史書上編纂的影響。」[63]由此可見，近代日本的佛教研究，成果之所以如此豐碩，除了佛教學者的努力之外，政府也有一定的功勞。

---

[61] 大藏省印刷局編，《官報》（東京：日本マイクロ写真株式会社，1901-1943）。

[62] 〈近刊の《大日本史料》〉，《佛教史學》，第1編第6號（東京，1911），頁87-88。東京帝國大學史料編纂所編纂，《大日本史料》，第6編之10（東京：東京帝國大學，1911）。鷲尾順敬於明治四十四年（1911）創立佛教史學會，並於1911-1914年主辦《佛教史學》雜誌。佛教史學會以「闡明佛教史與史實研究之關係」為宗旨，《佛教史學》主要揭載佛教史學研究的必要，收錄文章跨足印度、中國、日本，以及朝鮮等佛教歷史研究，內容包括各國佛教的歷史變遷、諸宗有名之高僧傳記，以及對近代佛教史研究的展望等。鷲尾順敬並於大正十三年（1924）擔任日本政府在東京帝國大學特設的「史料編纂處」編纂官，編纂《大日本史料》。

[63] 大醒，《日本佛教視察記》，頁162-163。

　　《佛學叢報》翻譯刊載永井龍潤所著《佛教歷史問答》，鑒於過去佛教歷史書籍過於艱澀抑或缺乏教理論述，為補其缺失，永井試圖同時收錄佛教教義與歷史，參考數百種書籍，以兩百則問答編纂成這部以印度佛教為主，通俗卻又涵括佛教概貌的著作。[64]閱覽其內容，確實鉅細靡遺地解答關於佛教在印度的起源與發展，實為一本初學者易讀的佛教參考書籍。永井以清代王室盛行的藏傳佛教補足清代教史，亦取得《朝鮮禪教考》而增添朝鮮佛教史，相較於過去的佛教史書，此書實質上跨足四國，各國佛教起源及重要年代變遷均詳考記載，就通史而言，範圍更顯完整。

　　〈釋迦牟尼佛傳〉則探究釋迦牟尼一生及其修行成就與教化的過程。作者認為釋迦之學說在印度當時是所謂的「新哲學主義」：

> 釋迦之主義，本於其哲學之基礎。其方便，依於宗教之機關。……示人間一切平等，以明有神說之謬妄，與四姓區分之非理，闡明善因善果、惡因惡果、自業自得之常理。……其新發明之主義，一言以蔽之，因緣生之三字而已。……釋迦以此新哲學主義，應於四諦十二因緣，而主張我空法有，以濟度一切眾生焉。[65]

釋迦牟尼以四諦十二因緣之說，主張眾生平等，試圖破除在印度生根已久的種姓制度，故如引文所見，作者才會聲稱此為「新哲學主義」。值得注意的是，〈釋迦牟尼佛傳〉最終加入進化主義的思

---

[64] 因《佛學叢報》只出刊約兩年時間，故譯刊連載內容較長的日本書籍往往未刊完，幸而不足的部分可閱覽日本原書補齊。原書為永井龍潤，《通俗佛教歷史問答》（京都：圖書出版株式會社，1902）。引文見永井龍潤，《通俗佛教歷史問答》，凡例（無頁碼）。

[65] 〔日〕慧若，〈釋迦牟尼佛傳〉，《佛學叢報》，期12（上海，1913），頁3-5。

潮，指出當時的日本佛教呈現衰退狀態，幸而佛教家已有謀求進步之舉，且當時歐美之學士哲家，研求佛教者極多，認為佛家之合於科學，適於進化主義，未與哲學矛盾。[66]於此可知，進化思想從西方引進日本之後，佛教思想已開始與之結合。

　　總結來看，《佛教歷史問答》與〈釋迦牟尼佛傳〉二文的共同關懷處，是近乎鉅細靡遺地介紹佛教創立者與起源地，即釋迦牟尼與印度佛教。一方面論述佛教的傳佈與發展；另一方面藉由與初期印度佛教相對比，反思明治時期中、日佛教的衰微狀態與振興之舉。這些著作對於民初動盪時局下的《佛學叢報》，不失為回溯佛教根源知往鑒今地探尋未來方向的合適書籍。想必這正是《佛學叢報》選擇收錄日書的考量所在。

第三節　佛教史觀與天演史觀之嵌合

　　佛教核心義理中的「因果」論，主要由因緣說闡明因果關係的種種型態，以及事物之間的相互依存與聯繫。[67]若檢閱《佛學叢報》與近代佛教知識分子的著作，常見論及「進化」與「天演」這些於傳統佛教大藏典籍中未曾見到的詞彙。此觀念可溯源至1898年

---

[66] 〔日〕慧若，〈釋迦牟尼佛傳〉，《佛學叢報》，期12（上海，1913），頁11。

[67] 最著名的如印度佛教教派說一切有部的佛學思想，使用了六因、四緣，以及五果，說明世間萬法的因緣關係。「六因說」，是把「因」分為六種，為能作因、俱有因、同類因、相應因、遍行因，以及異熟因；將「緣」分為四種，為因緣、等無間緣、所緣緣，以及增上緣；又「果」分為五種，為增上果、士用果、等流果、異熟果，以及離係果，來解說世間的關聯性，建立因緣果的詮釋架構。根據錫蘭史傳《大王統史》記載，釋迦牟尼入滅後，共有三次的經典結集，在第二次結集時，佛教教團分裂為上座部與大眾部。「說一切有部」即是從上座部分化出來的最大部派，此部派主張一切世間與出世間都是實有的，故稱一切有部。悟醒譯，《大王統史》，收錄於元亨寺漢譯南傳大藏經編譯委員會編譯，《漢譯南傳大藏經》（高雄：元亨寺妙林出版社，1990-1998），頁167上12。王敬淑，〈說一切有部的六因四緣〉（臺北：華梵大學東方人文思想研究所碩士論文，2009），頁II。

嚴復譯介赫胥黎（Thomas Henry Huxley, 1825-1895）的《天演論》。進化天演的概念風靡當時知識分子，也為佛教界注入一股新血；釋太虛甚至將「天演」定為一宗派而專論〈論天演宗〉：「天演宗之既立，西土若康德、若斯賓塞、若赫胥黎輩。」[68]佛教經典中論述的時間觀，多以「成、住、壞、空」或稱「生、住、異、滅」形容宇宙世界的四個階段。像是《原人論》記載：「身則生老病死，死而復生；界則成住壞空，空而復成。」[69]此種生滅循環的過程，與古埃及的銜尾蛇（Ouroboros）象徵「循環」與「永恆」[70]有異曲同工之妙。本節將審視因果緣起、進化天演以及生滅循環，這三者討論近代佛教史觀無法忽視的議題，互相存在何種相容辯證的幅度？在彼此論爭過程中，激盪出何種更貼切完善的歷史觀點？

　　佛教因果論最基本的概念，即世間一切皆為因果關係所造，「此有故彼有」，世間的一切皆有彼此相互憑藉、互相對待的關係。[71]《佛學叢報》編輯部（由濮一乘等人撰文）在回覆讀者崇明縣覘盧居士的信中，言及佛教重視的因果論：

> 一切世間皆從因生，故世界無量，事無量，理無量。則必有無量因以此生無量果。是故有是果，必有是因，且有一果，必有種種因。……譬如甲乙丙三人於三方面同作一事，其結果若何甲不能知，乙不能知，丙亦不能知。然苟有人兼知甲

68　釋太虛，〈論天演宗〉，收錄於太虛大師全書編纂委員會編纂，《太虛大師全書》（論藏：宗用論（四）），頁848。

69　〔唐〕圭峰宗密，《原人論》，收錄於大正新修大藏經刊行會編，《大正新脩大藏經》，冊45，號1886，頁70上11。

70　W. Deonna, "Ouroboros," *Artibus Asiae* Vol. 15, No. 1/2 (1952), pp. 163-170.

71　于凌波，《簡明佛學概論》（臺北：東大圖書公司，1991），頁340。

> 乙丙三人過去現在一切狀況及心理，並知其他種種連帶現象
> 及其結果，即可預測而得。[72]

蔣維喬曾指出：「緣起論者，說明宇宙萬物如何生起。……以萬有生起，完全屬於自己之因果律。」[73]因果律的規則為過去造作之因，成為現今之果；現今造作之因，又將成為未來之果。然歷史是否含有因果律？梁啟超認為因果的概念，即有甲必有乙，必有甲才能有乙，於是命甲為乙之因，命乙為甲之果。故因果律也稱為「必然的法則」。[74]然而梁啟超並不認同歷史因果律的說法，他指出若以因果律用於歷史：

> 問史家：距今兩千五百年前，我們人類裡頭產出一位偉大的
> 人物，名曰佛陀。……試問有什麼必然的因果法則支配佛
> 陀，令其必出家必說法？……所以歷史現象，最多只能說是
> 「互緣」，不能說是因果。[75]

「互緣」為佛教用語，本指世間事物俱有互相依存之關係。例如釋顯珠於《佛學叢報》發表之看法：「禪定智慧，寂寂惺惺，互為因緣，則起佛道法。」[76]即是論述諸法從緣而起，互緣互存之理。梁啟超借用「互緣」的概念來解釋歷史現象，認為歷史存有並非有此

---

[72] 〈答崇明縣覡廬居士第二函〉，《佛學叢報》，期6（上海，1913），頁2。

[73] 蔣維喬等撰，《佛學五書》（臺北：鼎文書局，1975），頁26-27。

[74] 梁啓超，〈歷史裡頭是否有因果律〉，收錄於梁啓超著；張品興主編，《梁啓超全集》，冊7，頁4155。

[75] 梁啓超，〈歷史裡頭是否有因果律〉，收錄於梁啓超著；張品興主編，《梁啓超全集》，冊7，頁4155-4156。

[76] 釋顯珠編，〈維摩詰所說經講義錄卷一之上〉，《佛學叢報》，期5（上海，1913），頁13。

事件必有彼事件，而是此事件與彼事件有不斷的聯帶關係。然而審
視說一切有部的六因、四緣，以及五果之「因、緣、果」學說，梁
啟超試圖完善佛教歷史因果律之觀點，尚未完全解說透徹。

　　由說一切有部阿毘達磨（Abhidharma）論師的「三世實有」
與「因緣實有」理論來看，其觀點主張包含過去、現在、未來的
「時間」，在說明釋迦牟尼的因果業報扮演著重要角色。[77]其中，
六因、四緣、五果的因緣果理論說明：「實有」就像一根線，在三
世中串連了「因、緣、果」，當中「緣」這個概念，是牽繫「因」
與「果」的媒介，有因無緣，便未能成果。如此觀之，若以「因緣
果」來補充梁啟超所說的「互緣」，並以此概念為前提，帶入進化
天演的觀點，更能貼切描述歷史現象的產生與發展，豐富其內涵。

　　釋宗仰於1912年《佛學叢報》首刊〈佛教進行商榷書〉，憂心
當時佛教的詬病而提出未來走向：

> 大矣哉我佛之教也，善導群盲，闡揚正覺，……嗚呼今日而
> 言淘汰沙門，幾成天演公例。……矧今社會進化，人道益
> 彰，詎容仰賴十方，……因勢利導，從根本著手故也。[78]

文中可見釋宗仰以天演公式，套用描述清末民初之際佛教內部衰
微之傾向，藉此呼籲佛教界，處於現今進步中的國家社會，若不
想淪為物競天擇適者生存的時代淘汰者，就必須力圖振興，從根
本上解決，即進行恢復其古時的清規，以及培植佛教人才的新興
教育。論天演者還有釋善因（筆名笠居眾生，?-1947）在《海潮

---

[77] 王敬淑，〈說一切有部的六因四緣〉，頁79。
[78] 中央（釋宗仰），〈佛教進行商榷書〉，《佛學叢報》，期1（上海，1912），頁
1-2。

音》的見解：

> 彼謂宇宙間萬事萬物，皆由天演競爭而成，……若據物種進化論而說，則以人治為正演，以天行為助演。……諸法濟然會合時，在老子目為自然，在達氏目為天演，在佛經目為法爾。[79]

釋善因巧妙地將道家老莊的自然、西方達爾文的天演，以及佛家的法爾三者作一比較，其共通性的理論為萬事萬物的生滅消長均由因果會合所起。自然是歸於陰陽，天演是歸於天擇，而法爾則是歸於因緣。

　　釋宗仰用來比擬佛教界現況，及笠居眾生論自然、天演、法爾的天演進化之說，是著眼於「適者生存」與「自強保種」等新思想的《天演論》，鼓勵人們救亡圖存以免亡國滅種。[80]據嚴復所說，天演精義濫觴於周秦之間，有老莊闡明自然如「天地不仁，以萬物為芻狗」，自然為天演之原。天演成為一門學說始於19世紀英國達爾文，大盛於斯賓塞（Herbert Spencer, 1820-1903）。達爾文學說的「天擇」，即所謂「各爭傳衍，最宜者存」，為天演最重要的功能，一切進化皆由於此。[81]此時同樣受到中國學人與留日學生注意的，還有日本東京專門學校（早稻田大學前身）的教授浮田和民（1859-1946），其授課講義被編輯出版成《史學通論》，在清末

79　笠居眾生，〈論自然天演法爾之同異〉，《海潮音》，期12（上海，1932），頁8-12。
80　赫胥黎（Thomas Henry Huxley）著，嚴復譯，王道還導讀，《天演論》（臺北：文景書局，2012），頁ii。
81　嚴復著；孫應祥、皮後鋒編，《《嚴復集》補編》（福州：福建人民出版社，2004），頁135-136。

就有五、六種譯本。[82]其內容亦以進化史觀為底色，將進化思想與黑格爾等人的學說整合成自己的史學思想。[83]

　　進化學說在清末《天演論》與《史學通論》等西方新思潮的影響下，誕生了如梁啟超《新史學》這篇新史學理論的代表作。梁啟超提出：「歷史者，敘述進化之現象也。……歷史者，敘述人群進化之現象也。」[84]梁氏舉生機主義哲學家杜里舒（Hans Driesch, 1867-1941）在杭州的演講：「凡物的文明，都是堆積的非進化的；只有心的文明，是創造進化的。」梁氏修正後提出歷史為人類活動所造成，歷史現象的進化者有兩點，第一是人類平等及人類一體的觀念，是向上進行的；第二是人類由心所開拓的「文化共業」，是積儲擴大的。[85]關於進化與退化之說，了一居士於《佛學叢報》之見解：

> 進退亦不外乎輪迴，輪而上者為進，自進化與眾進化世界，可運於掌上。輪而下者為退，自退化陷人退化，世界頃刻沉淪。然進無定進，退無定退也，逆水行舟，勢難中立。未成

---

[82] 較早注意到《史學通論》的有汪榮寶（1878-1933），他於1902年《譯書匯編》刊載的〈史學概論〉，試圖吸收其觀點，建立史學的新理論。而以1902年梁啟超於《新民叢報》所寫〈新史學〉，受其影響最深，以成書時間推斷，梁氏應是在日本看到浮田和民的《史學通論》。翻譯版本包括：浮田和民著；李浩生譯，《史學通論》（杭州：杭州合眾譯書局，1903）、浮田和民著；羅大維譯，《史學通論》（上海：進化譯社，1903）；其他尚有1903年楊毓麟、劉崇傑等人翻譯的版本。《史學通論》論點包括：「史學之定義，考證人類在社會進化的順序與法則之學也。」以及「歷史的事實，是舉凡生長、發展、進化之現象也。」浮田和民講述，《史學通論》（東京：東京專門學校藏版，刊年不明），頁14-15。

[83] 王汎森，《執拗的低音：一些歷史思考方式的反思》（臺北：允晨文化公司，2014），頁119。

[84] 梁啟超著；夏曉虹點校，《清代學術概論》，頁238-241。

[85] 梁啟超，〈研究文化史的幾個重要問題一對於舊著《中國歷史研究法》之修補及修正〉，收錄於梁啟超著；張品興主編，《梁啟超全集》，頁4175。

佛以前是輪迴轉，既成佛之後乃轉輪迴。[86]

佛教的輪迴觀念，依次為天、人、阿修羅、地獄、餓鬼、畜生之六
道輪迴。黎端甫於〈論淨土法門貫通諸法大義〉中說明：「古來大
乘門中，及淨土乘願再來者，……其生也如寄，其往也如歸，是輪
迴也。」[87]而依了一之見，輪迴之說可視為進化與退化，輪迴中越
往上是進化，往下者則為退化，往上進化者，最終是超脫六道達到
成佛的境界。了一亦認為：「今日之條，必因昔日之綱，今日之
條，即為後日之綱。後勝於前，進化無已。」[88]進化思想又如釋太
虛所論：

> 今在思想較聰慧之佛徒，以本於錫蘭島南方巴利語所謂原始
> 佛教，及西洋人用其比較的科學的進化史眼光，謂大乘佛教
> 及佛的宇宙哲理（阿毘達磨）為後起，純由佛教流行中與他
> 土宗教哲學交涉後種種時代演進之所成。[89]

據引文可見，民初佛教研究的學者們，一方面開始關注到錫蘭南部
以巴利文為主的「原始佛教」，即現今所稱之「小乘佛教」或是
「南傳佛教」；另一方面也引入西方的科學進化史觀，視代表原
始佛教正統稱呼的阿毘達磨，[90]以及由印度傳於中國盛行的大乘佛

---

[86] 了一居士，〈道說記餘〉，《佛學叢報》，期4（上海，1913），頁5。
[87] 黎端甫，〈論淨土法門貫通諸法大義（續）〉，《佛學叢報》，期6（上海，1913），頁1-5。
[88] 了一居士，〈道說記餘初集〉，《佛學叢報》，期3（上海，1912），頁1。
[89] 釋太虛，〈生活與生死〉，收錄於太虛大師全書編纂委員會編纂，《太虛大師全書》（法藏：五乘共學（全）），頁193。。
[90] 在佛教史中，阿毘達磨論師們，尤其是南傳錫蘭島國的銅蝶部與北傳罽賓山區的說一切有部，其論師著作的論書，使印度──佛教祖國的無歷史狀態得到部分的改善。阿毘達磨學說是以實在論立場來分析或區別存在世界的種種事物或法的一套學

教,是經由佛教在流傳中與他方宗教哲學碰觸演進的成果。

進化思想可解說佛教歷史發展的部分演變。然而,如依循進化觀點,濮一乘在《佛學叢報》提出的胚胎時代,接著全盛時代,理應不再有式微時代的出現。梁啟超於《清代學術概論》依照佛教經典所說世間「生、住、異、滅」,提出思潮的流轉也分為啟蒙期、全盛期、蛻分期與衰落期,[91]但這不也與進化觀念相違背?1935年大悟在《海潮音》用「循環」論補充了這個說法:

> 佛教入中國,近二千年,完成其生住異滅之一大轉環,以史的眼光觀之,誠燦爛莊嚴之歷史也。衰落為不可避免之運命,則由此衰落,可以產生第二期之新的生命,以是之故,佛教在民國以來,產生新的現象者,乃隨時代轉變之現象也。[92]

引文所述,佛教在中國自漢到秦,是生相的啟蒙時期;由秦晉到隋唐,是住相的全盛時期;唐宋元明,是異相的蛻化時期;明清時代,是滅相的衰微時期;民國以來,則是第二次循環的新開頭。大悟所謂民國佛教的新現象,不外乎僧教育的革新、改革僧伽制度的新僧運動、法相宗與密宗的復興,以及在家信眾之增盛與團體之擴充等。

事實上,與近代中國佛教息息相關的日本佛教,早在明治時期

說,重要文獻如《阿毘達磨大毗婆沙論》,是集小乘佛教教義大成的一部論書,其內容非常豐富,內涵也極複雜,世親便根據這本書提綱摘要,另編寫一部較精簡的書,成為小乘佛教最扼要的文獻,名為《阿毘達磨俱舍論》。釋印順,《印順法師佛學著作全集》,卷15,頁5。吳汝鈞,《印度佛學的現代詮釋》(臺北:文津出版社,1994),頁49-50。

91 梁啟超著;夏曉虹點校,《清代學術概論》,頁132。

92 大悟,〈十五年來中國佛教之動向〉,《海潮音》,卷16號1(上海,1935),頁72。

就由古河老川（1871-1899）提出進化循環史論。古河於明治27年
（1894）1月，在其主筆的《佛教》倡言「已進入了懷疑時代」。
古河將宗教哲學的發展區分為「獨斷」、「懷疑」、「批評」三個
時代。獨斷時代的哲學，是以「宇宙本體」和「靈魂不滅」視為人
智可以得知的問題；懷疑時代的哲學，則是對人智是否能知道這些
道理表示懷疑；批評時代的哲學，宛如二者的折衷，是靠人智來鑽
研人智的性質，評判是否能夠得知。從獨斷哲學轉移到懷疑哲學，
從懷疑哲學轉移到批判哲學，其結果是新獨斷哲學的出現，「取其
該取，捨其該捨」，比起先前的獨斷哲學，是一種更進化的哲學。
古河以此觀察佛教社會的思想，認為其三個時代經過的樣式，是自
祖先以來的傳承，視佛教為至高無上的宗教，不容分說的真理。然
今日佛教徒精通佛教歷史，觀察其教義發展，類似如大乘非佛說等
問題，使佛教徒不得不面對佛教社會的難題。因此，古河宣稱，今
日對佛教徒來說，很明確地，是已結束了獨斷時代，進入懷疑時
代，此懷疑時代將更進一步成為批判時代，其批判時代更進一步將
成為新獨斷時代。[93]此種不斷進化又循環的看法，可視之為所謂的
「進化循環」史觀。

　　總結來看，近代佛教歷史觀的轉變與形成，在梁啟超、了一居
士、釋太虛、大悟以及古河老川等人的詮釋下，由因果論、互緣關
係、因緣果理論一直到進化論，不斷地補足與展開，甚至形成進化
循環史觀，讓佛教史觀於近代呈現蓬勃發展的多樣面貌。

---

[93] 古河老川（古河勇），〈懷疑時代に入れり（明治二十七年一月《佛教》）〉，收
錄於氏著，《老川遺稿》（東京：佛教清徒同志会，1901），頁106-110。

小結

　　1912年狄葆賢創辦的《佛學叢報》體現了近代佛教歷史書寫與歷史觀的轉型意識。觀察現存大約兩百部的中國古代佛教史籍，其內容多是記錄一人或是一宗的傳記，至於佛教盛衰之蹤跡，很難看出有系統的整體面貌。中國自魏晉南北朝時期，從印度傳入中國大量的三藏典籍被學者譯出，中國佛教徒對其典籍內容的認定不同，而有「判教」思想的產生，如天台宗五時說的分類，將佛教經典的成立歷史作了明確的分期。然此種按照時間順序的判別方式，是根據教義需求編排而出，並未能代表經典產生先後的真實歷史次序。近代中國佛教受到日本明治維新借鑒西方史學方法論的影響，開始運用社會科學的研究方式撰寫近代中國佛教的歷史。佛教歷史書寫在傳統與近代交替的過程中，已由傳統的宗門與判教的撰寫型態，轉型成具近代通史性質的歷史分期寫作方式。

　　如前述這種中國佛教受到日本影響的情況，可以「文化倒流」的概念形容。中國佛教於583年始由高句麗、百濟傳入日本，迨至隋煬帝即位（604）前後，正逢日本聖德太子（572-621）推行新政時期，聖德太子抓住有利時機，派遣小野妹子等遣隋使入隋，建立兩國邦交，並派遣留學僧入隋學習佛法，以便直接從中國傳入佛教和先進文化。[94]近代以後，日本借鑑西方人文科學研究方法研究佛教，成果頗多，並傳回中國，影響一代中國佛教學人。

　　由《佛學叢報》選擇日本《三國佛教略史》、《佛教歷史問答》以及〈釋迦牟尼佛傳〉翻譯刊載來看，其意義在使讀者於教科

---

[94] 楊曾文，《日本佛教史（新版）》（北京：人民出版社，2008），頁1-8。

書通史化的寫作趨勢下，察見佛教歷史變遷的概貌。《三國佛教略史》擴充鎌倉時期凝然所著《三國佛法傳通緣起》討論印中日三國佛教的範圍，增添了朝鮮佛教史，總合為四國佛教史；異於凝然的宗派史觀，島地默雷與織田得能是以朝代順序來論述佛教歷史發展的變遷樣貌。《佛教歷史問答》則是一本以印度佛教為主軸，能提供初學者快速理解佛教整體歷史的常識書籍。〈釋迦牟尼佛傳〉是以婆羅門教盛行時的印度為背景，釋迦牟尼所創立的佛教，實為當時印度的新宗教，釋迦所提出的四諦十二因緣之學說，則被視為印度的新哲學主義。佛傳作者指出近代歐美研究佛教者趨盛，尤以當時盛行的進化主義適於佛教之哲學學說為主張，將明治時期由西方傳入日本的進化思想與佛教作一結合。這幾本日書的相同點，均以印度佛教史的發展變遷為核心，實可察析《佛學叢報》欲追本溯源、探尋未來方向的重點所在。《佛學叢報》為民初佛教學界最早中譯日書的雜誌，以此審視日本明治時期在西學衝擊下作出佛教歷史的研究成果，影響一代中國佛教學者。學者在研究佛教歷史撰寫著作時，常以日本佛教書籍與研究成果為參考範本，亦奠定近代佛教歷史書寫的基礎。

　　近代西方進化論的觀點傳入中國，與佛教經典論述的時間觀互相嵌合的有機作用，值得關注。梁啟超提出「互緣」概念試圖補足歷史因果論的說法，然若以「因緣果」的觀點詮釋，更能貼切闡述歷史現象的演變。嚴復譯介《天演論》為中國引薦進化理論，雖可解釋佛教學者眼中的佛教進化史觀，仍無法完善解說佛教歷史發展的全貌。藉由大悟提出的「循環」史觀，補足梁啟超所說啟蒙期、全盛期、蛻分期，以及衰落期之歷史思潮發展。錢穆（1895-1990）曾說：「在思想史上，某一時期的思想達到了高潮，其後必然要繼續一段時間的停滯與醞釀，而轉變，然後接著是第二個新思

想時代之來臨。」[95]古河老川的「進化循環」史觀，不僅豐富了以進化論說明佛教歷史變遷的單調論述，同時拓展中國佛教歷史發展的廣度。最終來看，傳統佛教史觀與近代天演進化史觀，在互補與繼代的轉化過程中，交織出近代中國佛教歷史觀的多元面貌。

第五章
信仰轉型：佛教信仰認知的重新建構

　　清末民初之際，西學源源傳入中國，造成社會上的大波瀾。信仰世界的被重構，佛教面對近代科學的衝擊，知識分子們開始用科學理性檢視何謂「信仰」？佛教的近代轉型特徵，即逐漸脫離高談心性，走向與社會結合具有入世精神的佛教，除了保存傳統義理，很大部分已與科學式的新學作結合，這種結合融會出何種不同於傳統佛教信仰的新思潮？在新舊思想的會通中，佛教的傳統思想是如何廣納新式的革新思想？這種轉型時期佛教信仰的認知，體現於《佛學叢報》當中。本章將以科學的驗證向度，探討佛教面對新思潮的衝擊與回應，進一步審視佛教信仰具有何種國家道德規範的任務，最終釐清世界宗教中的佛教定位。並討論《佛學叢報》如何思考「佛教信仰」，以期窺見當時中國的佛教信仰產生何種蛻變。

第一節　佛教面臨的新思潮與新挑戰

　　信仰、宗教、科學、迷信觀念的辯諍與容受，成為中國近代史上風起雲湧的文化脈動與學術思潮。於中國深根已久的佛教，面對大環境的變遷，也捲入這場時代洪流裡，傳統觀念受到外來新觀念的挑戰，並在衝突與挑戰中彼此對話。構成佛教主要型態的兩種佛

教形式：以探究諸法實相的佛學義理為主要特徵，為佛教提供了高水平的骨幹與活潑的靈魂之「義理性佛教」，及以功德思想與他力拯救為基礎，為佛教提供了廣大的群眾基礎與堅強的軀體之「信仰性佛教」，[1]到了近代，更加入了科學式的驗證元素，佛教信仰也被放大檢視是否為正信而非迷信。

　　《海潮音》曾形容《佛學叢報》出版背景，是在民國肇始，社會環境經過重大轉變，以教育為口號高呼的廟產興學，導致各處逐僧占寺，認佛教為迷信，此時一批熱心佛學之士，「出此叢報，解其錯謬」，[2]試圖用文字讓佛教能在亂世中站穩腳跟，如前章討論到《佛學叢報》首篇文章〈中華民國之佛教觀〉，即試圖給予中國佛教一個整體的歷史定位。本節主要立足於信仰與迷信方面的論諍，探究近代佛教如何審視靈魂觀念、是否迷信？佛教哲學的唯識學是如何與靈魂觀相結合？近代佛教是如何融攝科學學問？藉由此等當時代佛教信仰的議題，放入歷史脈絡中，探究近代佛教信仰所面臨的挑戰及其回應這些新穎的潮流觀念的方式。

一、靈魂耶？八識耶？──《佛學叢報》靈魂觀的論述

　　靈魂觀實為一抽象的名詞與概念，存在於許多宗教思想中。靈魂觀念在西洋哲學中，是指人生命的根本和中心，誠如Phil Cousineau的《靈魂考》所說：「靈魂，依照亞里斯多德的古典定義，是『生命之源』。」[3]文藝復興以後，笛卡兒（René Descartes,

---

[1]　方廣錩，《藏外佛教文獻》，輯8（北京：中國人民大學出版社，2010），頁399。

[2]　慈渡，〈二十年來中國佛教的出版界〉，《海潮音》，卷13期1（上海，1932），頁9。

[3]　Compiled and with Commentary by Phil Cousineau, *Soul: An Archaeology: Readings From Socrates to Ray Charles*, (San Francisco, Calif: HarperSanFrancisco, 1994), p. 4.

1596-1650）提出靈魂和肉體為兩個性質不同的實體，可以獨立存在。兩者結合而成為人，靈魂為人意識的中心。然近代哲學受自然科學的影響，將人的知識限制於感覺的經驗，不承認存有超於感覺的對象。靈魂觀也成為近代知識分子討論的對象。

　　明天啟3年（1623），天主教傳教士畢方濟（Francesco Sambiasi, 1582-1649）與徐光啟（1562-1633）將亞里士多德（Aristotle, 384 BC -322 BC）的《論靈魂》合譯為《靈言蠡勺》，文中論及：「亞尼瑪（譯言靈魂，亦言靈性）之學，於費祿蘇非亞（譯言格物窮理之學）中，最為益，最為尊。……是由天主造成。」[4]《靈言蠡勺》一方面譯介西方哲人亞里士多德的靈魂論，指出靈魂有體、能、尊、所向美好之情等四種性質，另方面加入天主教信仰的觀點，認為靈魂是由最高造物主所創造。雖然西洋哲學家的靈魂觀於明末已傳入中國，但似乎未得到太大的迴響。迨至清末民初之際，西力衝擊與西學大量輸入的背景下，靈魂學說開始被廣泛地討論，例如嚴復支持「靈魂不滅」，[5]蔣智由（1865-1929）認為：「吾人人類，蓋判然合二物而成，其一為有形者，即軀體是也；其一為無形者，即性靈是也。」[6]魯迅對此看法則是「人事不修，群趨鬼道，所謂國將亡聽命於神者哉！」[7]從《佛學叢報》更可見到妻木直良（1873-1934）的靈魂論，及蔡元培將靈魂理解為佛教唯識學中第八識等論述。

　　由《佛學叢報》節譯妻木直良《靈魂論》而命題的〈說靈

---

[4]　〔明〕李之藻等撰，《天學初函》（臺北：臺灣學生書局，1965），頁1127、1134。

[5]　黃克武，《惟適之安：嚴復與近代中國的文化轉型》，頁158。

[6]　觀雲（蔣智由），〈佛教之無我輪迴論〉（一），《新民叢報》，卷3期18（日本橫濱，1903），頁73。

[7]　魯迅，〈書信集・致許壽裳〉，《魯迅全集》，卷11（北京：人民文學出版社，1981），頁348。

魂〉，[8]解釋關於「靈魂」一詞：「靈魂者，指心之主宰而言。和語為タマシヒ，[9]殆含有玉火二義，蓋謂如玉之清潔圓轉，而如火之有色無形也。」[10]日語「タマ」（ta ma）是「玉」之意，也是「靈魂」的意思；「ヒ」（hi）是「火」之意，也有「靈力」的意思。「靈魂」在中國古籍裡，稱為魂魄、遊魂，或是神。妻木直良（1873-1934）指出，「靈魂」二字應是丁韙良（William. A. P. Martin, 1827-1916）翻譯基督教《聖經》時所新作的名詞，最早出自於清咸豐4年（1854）《天道溯原》：「身體雖具，非靈魂寓於其中，諸體皆不能自動。」[11]實際上，翻閱佛教藏經，可發現元朝釋如瑛編撰《高峰龍泉院因師集賢語錄》就已出現「靈魂」之說：「凡曰古今之賢聖，莫逃生死之輪迴……希聞佛法。今為靈魂稱揚三寶，頓爽六塵。」[12]《黃帝內經》的《靈樞經》則稱之為「精

8　妻木直良著；前田慧雲閱及評，《靈魂論》（東京：文會堂，1906，3版），頁3-6。由鈍根節譯為〈說靈魂〉，《佛學叢報》，期7（上海，1913），頁1-3。明治後期，關於探討「靈魂」的著作繁多，如德永滿之，〈靈魂論〉，《宗教哲學骸骨》（京都：法藏館，1892）。井上圓了，〈靈魂論の歸結〉，《妖怪學講義》，合本冊5（東京：哲學館，1896，增補再版）。小野藤太，〈靈魂論〉，《宗教原論》（東京：青年社，1901）。黑岩周六，〈靈魂論の現今〉，《天人論》（東京：朝報社，1903）。村上專精，〈宗教と靈魂論〉，《自信錄》（東京：井冽堂，1907）。內村鑑三，〈無神無靈魂論〉，《よろづ短言》（東京：警醒社，1908）。田貝定太郎，〈靈魂論〉，《精神界之統一》（東京：大教社，1909）。高橋五郎，〈最近靈智宗の靈魂論を評す〉，《靈魂實在論》（東京：日高有倫堂，1911）。愛蓮子，《靈魂論：苦脫樂得》（大阪：中川圓次，1911）。福原義柄，〈力學說、靈魂論、活力說〉，《疾病觀の變遷》（東京：醫海時報社，1913）。但為何《佛學叢報》單挑選妻木直良的《靈魂論》？相較於同時期的論著，《靈魂論》是以佛教思想為主軸，來闡述靈魂論的觀點，且討論靈魂觀的篇幅內容也較其他著作深且廣，故可推測《佛學叢報》擇其原由。
9　「タマシヒ」是古代日本語，現代日本語為「タマシイ」，同樣為「靈魂」之意。
10　妻木直良著；鈍根節譯，〈說靈魂〉，《佛學叢報》，期7（上海，1913），頁1。
11　丁韙良，〈以靈魂為證〉，《天道溯原》（上海：美華書館，1872），頁12A。
12　〔元〕如瑛編，《高峰龍泉院因師集賢語錄》，收錄於河村孝照編集，《卍新纂大日本續藏經》，冊65，號1277，頁28上18。「靈魂」在佛教經典中的解釋，亦如《大佛頂首楞嚴經疏解蒙鈔》節錄《關尹子》的記載：「魂魄半之，則在人間。升魂為貴，降魄為賤；靈魂為賢，厲魄為愚；輕魂為明，重魄為暗。」由此觀之，魂是心識，有靈用但無形，亦稱為靈魂；魄是有形的身體，是心識的依處。唯識學派的主要

神」：「血、脈、營、氣、精神，此五藏之所藏也。」[13]這與近世
通行之神經系統的「精神」一名詞，意思雖不相適相符，但視精神
為心之主宰，並屬於非肉體者，這層意義是相同的。妻木直良的
〈說靈魂〉最終認為：「更進而廣其義，則有如所云大和魂者，又
有如所云宇宙之大精神者，亦皆即靈魂也。是將與世界俱進退，偕
種族為存亾者矣。」[14]妻木直良將靈魂概念擴展為日本民族與宇宙
的大精神，此一精神緊繫世界與種族，並會與之進退存亡。同樣與
妻木直良認為人身體內有一主宰的，還有蔡元培在《佛學叢報》刊
登〈佛學商榷書〉所提出的觀點，解釋其主宰為佛家所謂的「八
識」。[15]

　　蔡元培這篇〈佛學商榷書〉是為了「揚搖撮其一二，為一般學
者發研究之興趣焉。」[16]並指出宗教必定是依循一個方向，繼而引

論據，即外境的存在性是要依賴我們的心識，如果沒有心識，外境無法建立。這與西
　　方哲學的唯心論或是觀念論的觀念相似。〔明〕錢謙益鈔，《楞嚴經疏解蒙鈔》，收
　　錄於河村孝照編集，《卍新纂大日本續藏經》，冊13，號287，頁746中23。
[13] 王雲五主編，〈本神〉，《靈樞經》（上海：商務印書館，1931），頁17。
[14] 妻木直良著；前田慧雲閱及評，《靈魂論》。由鈍根節譯為〈說靈魂〉，《佛學叢
　　報》，期7（上海，1913），頁3。
[15] 在理解蔡元培的概念之前，應先理解近代中國佛教一個讓人注意的現象，即
　　「唯識學」重新受到重視，並在清末時興起一股研究風潮。唯識學派是由無著
　　（Asanga，約生活於西元四、五世紀）及世親（Vasubandhu，約生活於西元
　　四、五世紀）所確立。唯識通常譯為mereconsciousness，它直接從梵文「唯識」
　　（Vijnaptimatrata）一語譯出。唯識宗在唐朝時玄奘法師（602-664）自印度傳入
　　中國，稱之為法相宗。中國佛教居士楊文會開唯識研究之先聲，他透過南條文雄將
　　大量已在中國失逸的佛教經典從日本帶進中國，當中就包括唯識學著作。楊文會的
　　學生歐陽竟無，在其創辦的支那內學院主講《唯識抉擇談》等講座，吸引梁啓超、
　　湯用彤、梁漱溟（1893-1988），以及陳獨秀（1879-1942）等近代中國知識分子前
　　往聽講。譚嗣同、章炳麟、梁漱溟，以及熊十力（1885-1968）等人，受唯識學影響
　　甚深。如譚嗣同所著《仁學》寫道：「凡為仁學者，於佛書當通《華嚴》及心宗、
　　相宗之書。」心宗即禪宗；相宗為法相宗（唯識宗）。新儒家的熊十力主要哲學代
　　表作是《新唯識論》，以「體用不二」為其哲學根本。熊氏則以唯識學的觀念詮釋
　　《周易》，將作為東方思想兩大支柱的儒學與佛學結合在一個嚴謹的理論體系之
　　中。王雷泉編選，《歐陽漸文選》，序頁4。譚嗣同，《仁學》（臺北：文景書局，
　　2013），頁5。參見熊十力，《新唯識論》（北京：中華書局，1985）。
[16] 子民（蔡元培），〈佛學商榷書〉，《佛學叢報》，期1（上海，1912），頁1。

申出種種言說，讓人們信服。觀察日常活動，均在宗教所說的範圍裡，現今的世界與未來所祈向的世界，這兩種境界必有一個主宰者主宰其間，「則靈魂之說因茲而起。」世間萬物及現今所處的物質文明，皆為靈魂之作用，「則輪迴之說必不可缺。」[17]當中值得注意的觀點，是他於文內提出佛教唯識學說的「第八識」，其實就是「靈魂」。

唯識論所說的「八識」，據《八識規矩纂釋》記載：「八識者，一眼識，二耳識，三鼻識，四舌識，五身識，六意識，七末那識，八阿賴耶識。前六從依得名，第七相應立號，第八功能受稱。」[18]八種識是指人身上的眼識、耳識、鼻識、舌識、身識、意識、末那識，以及阿賴耶識（alaya）。前五識是感識，為人的五種感官；第六識是意識；第七識是末那識，又稱思量識，思是思慮，量是量度；第八識是阿賴耶識，「亦名本識，一切有為法種子所依止；亦名宅識，一切種子之所栖處；亦名藏識，一切種子隱伏之處。」[19]即為一切思想種子儲藏與現行處。蔡元培試圖將唯識學的論點與靈魂觀念作一結合：

> 吾人一切見聞覺知，望為前六識之作用，而過去現在未來一切功過命根，望屬於八識，即前之所謂靈魂也。西儒學本浩者，倡為學說，間與佛氏唯識之說相發明，而究其精深，容不有逮。……蓋佛氏以真心其體量無有涯際，因一念之迷，而成吾人之妄心，局於四大假合肉體之中，因緣外境之六

17　子民（蔡元培），〈佛學商榷書〉，《佛學叢報》，期1（上海，1912），頁1。
18　〔明〕釋廣益纂釋，《八識規矩纂釋》，收錄於河村孝照編集，《卍新纂大日本續藏經》，冊55，號894，頁425下6。
19　〔陳〕真諦譯，《轉識論》，收錄於大正新修大藏經刊行會編，《大正新脩大藏經》，冊31，號1587，頁61下6。

塵，而起種種施為造作。[20]

引文可知，唯識學說的八種識，前六識主感觀與思考的意識，第八識及阿賴耶識則主過去、現在、未來的善惡獎懲，即靈魂之作用。佛家所說迷悟之差別，而有四聖六凡之分，悟之為佛、菩薩、聲聞、緣覺，迷之則為天、人、修羅、地獄、餓鬼、畜生。蔡元培指出，佛教修行即是要將被迷霧之「妄心」，轉回本具之「真心」：

> 是故卵生、胎生、濕生、化生，以及有色無色、有想無想、非有想非無想，無不由此真心忽起忽明，轉成八識，而得建立，此八識亦名阿賴耶，為一切有情發生之本，即今之所謂靈魂也。……及至轉八識為大圓鏡智，即真心矣，則一切幻身幻心生死輪迴，不可得而復有，即溟漠於無思無為而無不思無不為不可思議之境界，即佛矣。[21]

　　唯識學說的阿賴耶識，是各種識的總持。Alaya是「藏」的意思，相當於一個精神性的倉庫，並無空間，作用是儲藏種子，種子包括物理的、心理的、認識的任何事項，是事物或事象產生的主要原因。人們所做過的任何行為，包括思想，都不會消失，其影響還潛在，並藏在第八識的精神倉庫裡，成為種子。當種子遇到適當的條件，便會由潛存的狀態變現為現實的狀態，事象便會呈現在我們的感官面前。此理論宏闊，將整個世界都包括在第八識裡，並以種子作為其存在的基礎，故唯識可說是一種典型的唯心論。而「轉識成智」是唯識學說「覺悟成佛」的一種特別的稱呼。第八識是生死

[20] 子民（蔡元培），〈佛學商榷書〉，《佛學叢報》，期1（上海，1912），頁1-2。
[21] 子民（蔡元培），〈佛學商榷書〉，《佛學叢報》，期1（上海，1912），頁1-2。

流轉的根本，又是「轉依」的根本。轉依是轉染依淨，是修行正果的一種表示。在轉染依淨中，將第八識的染汙的種子轉化為清淨的善良種子，而表現出來的就是善良的行為。轉依就是轉化那些染的因素成為淨的因素，而將清淨的種子全部現起，此即唯識所說的覺悟，[22]亦是蔡元培所說的「真心」與「佛」。

　　同樣用唯識論第八識比擬的還有梁啟超，不過梁氏論述觀點與蔡元培有稍異之處。梁著〈余之生死觀〉寫道：

> 自昔野蠻時代之宗教，皆言靈魂，……如景教者，亦言靈魂，孔教則不甚言靈魂，佛教則反對外道六大論師之言靈魂。近世歐美哲學家，就中如進化論一派，亦反對景教之言靈魂。……故此主體者，佛教不名之曰靈魂，而名之曰羯磨。……佛說之羯磨，進化論之遺傳性，吾皆欲名之曰精神。[23]

梁文所見，靈魂概念主要來自於基督宗教，儒家不言靈魂，佛教則是反對印度六師的靈魂論。[24]然先前已討論過，傳統佛教經典裡已

---

[22] 吳汝均，《印度佛學的現代詮釋》，頁145-146、151。

[23] 梁啟超，〈余之生死觀〉，收錄於梁啟超著；張品興主編，《梁啟超全集》，冊3，頁1369。

[24] 「六師外道」為西元前六世紀，與釋迦牟尼同時盛行於古印度的六位思想家；「外道」是指佛教以外的教說。在小乘經典裡有許多記載，如《長阿含經》介紹六師為：「不蘭迦葉（Pūraa-Kassapa）、末伽梨憍舍利（Makkhali-Gosāla）、阿浮陀翅舍金披羅（Ajita-Kesakambalā）、波浮迦旃（Pakudha-Kaccāyana）、薩若毘耶梨弗（Sañjaya Belahi-putta）、尼揵子（Nigaha-Nātha-putta）。」〔宋〕佛陀耶舍共竺佛念譯，《長阿含經》，收錄於大正新修大藏經刊行會編，《大正新脩大藏經》，冊1，號1，頁25上19。聖嚴法師（1931-2009）曾指出六師思想特色：「一、不蘭迦葉：為倫理的懷疑者，否定善惡之業有其相應之根，故倡無作用論。二、末伽梨瞿舍利：此為邪命外道之祖，倡無因而有論。乃是耆那教的一派，在佛世極有勢力，除了耆那教，他是其餘五師中最盛大者。三、阿耆多翅舍欽婆羅：否定靈魂之說，倡唯物論，以快樂為人生之目的，排斥一切嚴肅的倫理

存在靈魂之概念，梁氏可能未注意到此點。梁氏著眼於輪迴主體之「羯磨」，實含藏唯識的觀念，「佛說以為一切眾生自無始來，有『真如』『無明』之二種性，在於識藏。」[25]梁氏所言之識藏，即是唯識學說之第八識。梁氏並將「精神」一詞總稱為佛教的羯磨與西方進化論的遺傳。事實上，無論是蔡元培所說的八識即靈魂，或是梁啟超所稱的羯磨、精神，詞彙相異，但所指均為同物，即佛教思想中之輪迴主體。

二、佛教信仰與學問研究之融攝

誠如前節所述，佛教的靈魂觀念成為近代中日知識分子關注的重要議題之一，信仰與靈魂觀念一樣，均為難以驗證的抽象概念。

觀念，此亦即是順世外道。四、婆浮陀伽旃那：主張心物永不消滅，倡世間常存論。五、散若夷毘羅梨沸：為詭辯派或捕鰻論者，舍利弗（Śāriputra）及目犍連（Mahāmaudgalyāyana），即是此派出身而皈信佛教的。六、尼乾陀若提子：這就是耆那教之始祖摩訶毘盧（Mahā-vira），他出世稍早於釋尊，也是王子出身。此派以命（Jīva）及非命之（Ājīva）之二元論而說明一切，故也是否定有上帝造物觀念的無神論者。其實踐方面，則以極端的苦行及嚴守不殺生為特色。印度是禁欲苦行的風行國，故當佛教淪為密教之左道而行男女之大樂後即告滅亡，耆那教則歷二千五百年，迄今仍在印度流行。」聖嚴法師，《印度佛教史》，輯2冊1（臺北：法鼓文化，2020，3版），頁28-29。李志夫則論述六師思想與釋迦牟尼對其評判：「六師之共同特色，其一是反神論，尤其反對梵之創造說。阿耆多是物質主義者，自然反對梵創造一切；其他實在論、真常論，也沒有設定創造神之必要。其二是反對業論，除尼乾子主張前業外，不是充分地三世業報說，其他五師根本是反對業論的。也因為如此，其反神論受傳統有神論之反對；其反對業報說受到傳統的反對，也受到耆那、佛教之反對。在反對有神論，耆那教、佛教與六師是一體的，可以說是前二者之先驅。無論在理論上，方法上都是有影響的。佛陀則以他的『緣起論』為核心針對六師思想作批判。」李志夫，〈試分析印度「六師」之思想〉，《中華佛學學報》，期1（臺北，1987），頁277。

25 羯磨，為梵語karma的音譯，意義是「業」，乃是受戒、說戒、懺罪，以及各種僧事的處理，故又被解釋為「辦事」或「做事」。
佛教儀式當中的受戒，受戒者因羯磨而得戒體。羯磨之內容包含法、事、人、界等四者，一般稱為羯磨四法。
梁啟超對「羯磨」一詞的定義為：「佛說一切萬象，希皆無常，剎那生滅，去而不留。獨於其中，有一物焉，因果相續，一能生他，他復生一，前波後波，相續不斷，而此一物，名曰羯磨。」梁啟超，〈余之生死觀〉，收錄於梁啟超著；張品興主編，《梁啟超全集》，冊3，頁1369。

而在近代西學發達，各種分門學科林立之時，佛教信仰或是佛學又是如何不可免俗地與西方的新學一起被學者納入討論？《佛學叢報》譯介井上政共所寫的〈佛教與學問〉，[26]內容即是將佛教與科學的、哲學的學問作一定義論述。關於佛教，井上指出佛教的本事是「轉迷開悟」。若對佛教通達理解，那麼即是貫徹宇宙的一切，確信佛教的根本義理所在。「是故佛教所說，首重安心立命。」[27]在禪宗來說，「安心」是大悟的境地，能徹見心源。《景德傳燈錄》記載：「師曰：將心來與汝安。曰：覓心了不可得。師曰：我與汝安心竟。」[28]此中的關鍵在，心靈絕對無相，不能視為一個事物，不能被對象化，「覓心了不可得」。能如此，便能安心。[29]「立命」之意是精神上安定。在禪宗語錄中亦常出現，多是禪師用「問」的方式來開示弟子，如《紫柏尊者全集》中寫道：「且道船底破時，向什麼處安身立命！落得智香薰法界，吳江煙水本依然。」[30]

「學問」之定義，井上認為做學問大致有兩個途徑，分別是科學與哲學。科學是分科之學，其定於探究「現象界」的原理，舉凡天文、地理、生物、物理、化學等各種專科之學。哲學是愛智之學，是探究宇宙真理之學問。可以說，學問本身首重於「智」的開進，是統籌專門研究一科原理之學的「科學」，以及統一諸科學而研究宇宙大原理之學的「哲學」，以求開發人們的智能。那麼，既

---

[26] 井上政共，《最新研究通仏教》（東京：有朋館，1905）。鈍根節譯；政共居士（井上政共）著，〈佛教與學問〉，《佛學叢報》，期5（上海，1913），頁1-4。

[27] 鈍根節譯；政共居士（井上政共）著，〈佛教與學問〉，《佛學叢報》，期5（上海，1913），頁1。

[28] 〔宋〕釋道原，《景德傳燈錄》，收錄於大正新修大藏經刊行會編，《大正新脩大藏經》，冊51，號2076，頁218下12。

[29] 吳汝鈞編著，《佛教思想大辭典》（臺北：臺灣商務印書館，1994），頁240。

[30] 〔明〕釋德清，《紫柏尊者全集》，收錄於河村孝照編集，《卍新纂大日本續藏經》，冊73，號1452，頁300中10。

然佛教和學問都有重視貫徹宇宙一切真理之義的性質，二者不同之
處又在哪？井上政共認為：

> 佛教與學問之差點……。學問者，今尚在疑問之道程，勉求
> 解決其一科或全科之原理也。佛教者，已超過疑問之道程，
> 先務了然于佛陀之解決，以說示根本義及安心修行法於一切
> 人也。[31]

由此可知，佛教與學問的差異點，是學問尚在疑問的路程上，解決
一科或全科之道理。然佛陀所說的根本義與修行法門，使佛教已跨
越疑問的道路。所以佛教與學問的差異點是，學問是專計智的開
進，然未得其所；佛教專說安心立命，已得其所得。

　　理解佛教與學問的相異處後，二者間具何種相似之關係？井上
政共舉出當時最新之科學學說，用來闡發與佛學相關的性質。1898
年，法國巴黎大學教授皮埃爾·居里（Pierre Curie, 1859-1906）在
「辟幾甫倫多」（瀝青鈾礦，pitchblende）礦物裡，發現了「蠟的
模」（Radium），即現今所稱之放射性化學元素「鐳」。1903年，
日本東京帝國大學教授田中館愛橘（1856-1952）理學博士，從法
國攜帶少許回日本，置於東京帝國大學，以供實驗。又將「辟幾甫
倫多」礦物備列於帝國大學礦物標本中。「鐳」元素特別之處，
井上敘述道：「但由『蠟的模』所發生之光線，頗有強力……發
光之後，能長久不滅，無論如何最堅牢之物體，均不能障礙此
光。」[32]至於「鐳」元素的發現與佛教的原理關聯性為何？井上提

---

[31] 鈍根譯；日本政共居士（井上政共）著，〈佛教與學問〉，《佛學叢報》，期5（上海，1913），頁1-2。

[32] 鈍根譯，日本政共居士（井上政共）著，〈佛教與學問〉，《佛學叢報》，期5（上海，1913），頁3。同年，1903年10月10日，在日本留學的魯迅（1881-1936）以

出其見解：

> 即所謂元素者，屢經分析，必至漸成空體，等於虛無，一經
> 化合，乃具形質，益進而為色體。由是以證之，足徵宇宙
> 間一切現象，森羅萬有，幻化莫明，或無形，或有形，或無
> 情，或有情，而一窮其端倪，要不外乎分析與化合二者作用
> 之所成而已。[33]

引文可見，化學元素若一再地解析，會發現並不存在任何形質，是
經化合過後才具形體。放大到宇宙觀看，萬事萬物之變化，無不是
分析與化合所循環構成。這與佛教《般若心經》所講「色即是空，
空即是色」不謀而合：「色體即空體所化，空體即色體之分，色
體同時可為空體，空體同時可為色體，科學之原則，因此大生變
動。」所以，井上政共認為，新元素的發明，足證學問愈進步，遂
愈近於佛理。[34]

　　上述為佛教與科學學問相似的關聯，二者間又如何相輔相成？
佛教的作用是專門保持人們不可或缺的基本正見，對於學問，是沉
靜的輸入，以增長學問之根本活力。學問是啟發人們的智識，專於
事物的性質作用加以研究，實際運用。「凡真正之佛教教育，與正
實之學問教育，必當內外相倚，本末相應，而共為活動也。」[35]總

筆名「自樹」於《浙江潮》第八期發表〈說鉑〉這篇介紹「鐳」的文章，首次將居
里夫人發現的放射性「鐳」元素介紹給中國人。魯迅，〈說鉑〉，《浙江潮》，期8
（東京，1903），頁85-92。

[33] 鈍根譯，日本政共居士（井上政共）著，〈佛教與學問〉，《佛學叢報》，期6（上
海，1913），頁1。

[34] 鈍根譯，日本政共居士（井上政共）著，〈佛教與學問〉，《佛學叢報》，期6（上
海，1913），頁1。

[35] 鈍根譯，日本政共居士（井上政共）著，〈佛教與學問〉，《佛學叢報》，期6（上
海，1913），頁4。

結來看，佛教與學問是各司其位，都以人類文明的進步為其旨，亦可窺見當時知識分子試圖以佛理融入科學學問的新趨向。不過，審析井上的見解，將科學學問與佛理融為一談，只是取其哲學理論的元素，要用科學實證的方式證實佛理似乎有所困難。故佛教與科學是否真能站在同一平台上互相對話並有所交集？下節將藉由闡述宗教與科學對於迷與悟的論諍觀看之。

三、迷悟之間：佛教信仰的驗證向度

近代科學主義興起，無法經科學驗證的事物即被貼上「不科學」的標籤，首當其衝便是「宗教信仰」被拿來檢驗是否為「迷信」。審視近代中國學術界，知識分子如何看待此議題？1902年梁啟超於《新民叢報》之〈宗教家與哲學家之長短得失〉一文指出：

> 宗教與迷信常相為緣故。一有迷信，則真理必掩於半面。迷信相續，則人智遂不可得進，世運遂不可得進。故言學術者不得不與迷信為敵，敵迷信則不得不並其所緣之宗教而敵之。[36]

梁氏觀點，宗教與迷信常是一體兩面，執於迷信會陷於主觀，阻礙學術與真理的探求，若欲去除迷信，須先去除迷信前導的宗教，不過，「催壞宗教之迷信可也，催壞宗教之道德不可也。」[37]1903年，內明在《新民叢報》譯述井上哲次郎（1855-1944）的〈無神無靈魂說之是非如何〉，內容指出：「真正自由主義，在乎企圖科學真理之勝利，打破古代一切之迷信。蓋世界之舞台，夙已旋轉。

---

[36] 梁啟超，《飲冰室全集》，卷3（臺南：東海出版社，1974），頁24。
[37] 梁啟超，《飲冰室全集》，卷3，頁24。

迷信之時代疾去，科學的智識之時代方來。」[38]

　　相對於上述去除宗教迷信的態度，了一居士在《佛學叢報》所作的〈道說記餘〉則回應「佛教」非「迷」而是「悟」的看法。〈道說記餘〉一文用問答方式闡述何為迷？何為悟？其解釋為，不迷即是悟，不悟即是迷，「迷」與「悟」無定相，要看狀況而定。如視輪迴的苦海為悟境，那麼極樂的境界便是迷境；如視極樂的境界為悟境，那麼輪迴的苦海便是迷境。此種解釋如《真歇清了禪師語錄》：「動靜一如。語默一如。見聞一如。迷悟一如。聖凡一如。眾緣萬境全體一真。」[39]所謂的「迷悟一如」，是指迷與悟都是主體的狀態，迷如冰，悟如水，迷悟同屬一體，是一而非二，故稱為「一如」。「迷」者不明事理。關於佛教信仰的「迷」與「悟」，天台《四教義》有記載：「化轉有三義。一轉惡為善。二轉迷成悟。三轉凡為聖。」[40]佛家所說「惡」、「迷」、「凡」，需轉為「善」、「悟」、「聖」。

　　了一居士進一步解釋何謂「迷信」？對於「迷信宗教」之說是否可以辯駁？其闡釋為，例如苦海與極樂，並無一定的形象，如果求福報而行善，以自了為出世，則是極樂中之苦海。若是入地獄救眾生，寧渡人不作佛，便是苦海中之極樂。至於為何說宗教是「迷信」？了一認為：

　　　　何宗教之迷乎哉，一切所有，皆迷信也。曠觀今古大地，迷

---

[38] 井上哲次郎著；內明譯，〈無神無靈魂說之是非如何〉，《新民叢報》，期38、期39（日本橫濱，1903），頁117。

[39] 〔宋〕德初、義初等編，《真歇清了禪師語錄》，收錄於河村孝照編集，《卍新纂大日本續藏經》，冊71，號1426，頁785中22。

[40] 〔隋〕智顗禪師撰，《四教義》，收錄於大正新修大藏經刊行會編，《大正新脩大藏經》，冊46，號1929，頁721上18。

信而外，可無言說矣。人皆盜蹠，世界無一息之安，是信利慾迷。人盡伯夷，多此一番也何必，伯夷之人，是信節義迷。厭世而作聲緣想，極樂之迷信。[41]

引文可知，若將宗教稱之為迷信，那麼，世間一切無不皆是迷信。盜蹠之人是為慾望所迷，伯夷之人是為忠孝節義所迷，因厭離世間欲修成佛教中聲聞與緣覺果位之人，是被極樂境地所迷。故說，「不迷則已，迷則皆迷，而況迷迷。」[42]了一居士立足於宗教外的觀點，審視「迷信」並非只有宗教所獨有，若說迷信，世界一切無不是迷信。誠如狄葆賢在《平等閣筆記》所說：「是宗教者固迷信，非宗教者亦迷信。一則為迷信宗教，一則為非迷信宗教。」[43]亦如嚴復認為：「真宗教必與人道相終始者也。蓋學術任何進步，而世間必有不可知者存在。不可知長存，則宗教終不廢。」[44]由此可見，在科學高漲，宗教被打為迷信時，也有一批知識分子認為這對宗教並不公平，要說迷信，只要是「信」也可說是「迷」，非限於宗教之說。

　　由黎端甫於《佛學叢報》刊登的〈香嚴閣問答〉，以「天堂地獄問」為開端，闡述東西方同稱的「天堂」與「地獄」，是為了勸善懲兇與隱扶世道，用此啟迪人心。但聽聞近人訾為迷信，黎氏指出，若於科學推論，可說「地是圓球，即無囹獄；天唯空氣，悉有殿堂？」然而「錫礦滿山，月輪有物，溟蒼之間，應是高深而難於驟測耳。」宇宙深不可測，即使是科學也無法一探究竟。黎端甫引佛典中釋迦牟尼上升忉利天為母親摩耶夫人說法的故事，又引釋迦

---

[41]　了一居士，〈道說記餘〉，《佛學叢報》，期4（上海，1913），頁2。
[42]　了一居士，〈道說記餘〉，《佛學叢報》，期4（上海，1913），頁1-2。
[43]　狄葆賢，《平等閣筆記》，頁50。
[44]　嚴復著；孫應祥、皮後鋒編，《《嚴復集》補編》，頁147。

牟尼的弟子提婆達多迫害佛陀而遭地滅的故事來說明以下的道理。
黎氏指出有人言天堂地獄為「業緣所感」，黎氏則比喻因果報應如
夢境，以善為夢，則使人如處天堂，樂如浮雲；以惡為夢，則使人
如臨地獄，俄頃驚痛。[45]故黎氏解釋的天堂地獄，非形質上所可看
到，而是存在於人的心念當中。

　　延續清末民初宗教與科學的論爭，1923年中國知識界著名的
科學與玄學之中西文化辯駁，也是在此驗證與無法驗證的擂台上
互相較勁，主角有被彭康（1901-1968）稱為「玄學鬼」的張君勱
（1887-1968）、「科學神」的地質學家丁文江（1887-1936）、
「柴積上日黃中」的吳稚暉（1865-1953），及胡適等人。張君勱
對其在清華大學演講的〈人生觀〉被丁文江批評「一無是處」極為
不滿，多方激烈論戰由此展開。丁文江作〈科學與玄學〉寫到：
「西洋的玄學鬼到了中國，又聯合了陸象山、王陽明、陳白沙高談
心性的一班朋友靈魂，一齊鑽進了張君勱的『我』裡面。無怪他
的人生觀是玄之又玄的了。」[46]又說：「他說人生觀問題之解決，
決非科學之所能為力。科學答他說，凡是心理的內容，真的概念
推論，無一不是科學的材料。」[47]張君勱反駁：「在君之文所反對
者，則在人生觀無理論，無科學公例一語，誠能舉出一二事，示我
以人生觀之公例……。願其縷縷萬言中，乃並一事而不能反證，而
字裡行間，惟見謾罵之詞。」[48]胡適則總觀這二十五萬字的討論，
指出雙方都有一個共同的錯誤，即「不曾具體地說明科學的人生觀
是什麼，卻去抽象地力爭科學可以解決人生觀的問題。」[49]最終，

---

[45]　黎端甫，〈香嚴閣問答〉，《佛學叢報》，期1（上海，1912），頁1-2。
[46]　耿雲志主編，《胡適論爭集》（北京：中國社會科學出版社，1998），頁1413。
[47]　耿雲志主編，《胡適論爭集》，頁1412。
[48]　耿雲志主編，《胡適論爭集》，頁1367。
[49]　耿雲志主編，《胡適論爭集》，頁1463。

科學與玄學的辯證依然無一定論，與此同時，五四時期與其後的中國因逢一次大戰後，中國社會普遍對於西方物質文明的過度發展感到失望，企圖闡明宗教精神價值的風氣為之興起，[50]於此議題延伸的論爭實有過之而無不及。

清末赴英留學電機工程，曾執教於北京大學的中國學者王季同，[51]在因「近年著者屢作文字，讚佛法而譏科學；為執科學以疑佛法；與掇拾科學以附會佛法者說法」[52]的背景下，1932年著《佛法與科學之比較研究》，破唯物主義，論證科學所得之結論，實與佛法無異。此書有趣之處除了論證內容，當中作者與胡適序來往的筆戰更值得關注，胡適顯然對於王季同的觀點不以為然：

> 我是研究歷史的人，在我的眼裡，一切學術思想都是史料而已。佛法只是人類的某一部分在某時代倡出的思想和信仰；科學也只是人類的某一部分在某時代研究出來的學術思想。這兩項材料在人類歷史上各有其相當的地位。……反過來說，佛弟子也自有他的立場。老實說，他的立場是迷信。他儘管擺出科學分析的架子，說什麼七識八識，百法五百四十法，到頭來一切唯識的心理學和因明的論理學都只是那最下流的陀羅尼迷信的眼法。[53]

胡序中不留情面地舉出王文多處不合理的推論來加以批評，胡適所

[50] 黃克武，《惟適之安：嚴復與近代中國的文化轉型》（臺北：聯經出版公司，2010），頁165。
[51] 陳兵、鄧子美合著，《二十世紀中國佛教》（臺北：現代禪出版社，2003），頁474。
[52] 王季同，《佛法與科學之比較研究》（上海：國光印書局，1932），頁1。
[53] 胡適，〈胡序〉，收錄於王季同，《佛法與科學之比較研究》，頁IV。

批評的「佛弟子」自然也包括王季同，指摘王氏站在迷信的立場來發言，故與科學本就沾不著邊。對此，王季同又作一序來駁胡文，說明：「胡先生一篇序裡，仍只有『佛法是迷信』，『一切學術思想都是進化的』，『輪迴神通沒有憑據』幾句話。管義慈的《讀了佛法與科學的瞎三話四》裡全有過了，而且已被我駁得體無完膚了。胡先生熟視無睹，跳來跳去還沒有跳出管義慈的圈子。」[54]

　　試圖反駁科學主義至上與為宗教迷信辯駁亦有釋太虛於〈佛教之新認識〉一文指出：「因近代科學之進步，一般人思想上惟知讚美近代的科學發明，於佛法則視為不過一種宗教，近於神話。……佛法與科學，同由擴充見聞覺知之範圍而得。」[55]太虛之言，佛法為釋迦牟尼親自驗證的結果，並將其親證的教法教導人們開佛知見，示佛知見，悟佛知見，入佛知見，具有清晰的邏輯論證，故與重視實驗精神的科學相比，實過之而無不及。於此認知佛法非迷信，而是更進一步的實驗科學。

　　觀看二十世紀前半葉的中國，瀕臨困境，但卻激發了思想界對科學的讚賞，此種唯科學主義（scientism）認為宇宙萬物的所有方面都可通過科學方法來認識。審視了一、太虛，及王季同以「佛教非迷信」的論證，主要在回應胡適等持「科學實證」的觀點，如太虛引證釋迦牟尼示佛知見、悟佛知見、入佛知見，說明此過程合於西方式的邏輯論證；胡適的一分證據說一分話之實證主義，則說明佛教徒的宗教信仰其實是迷信且無法檢視。事實上，了一與太

---

[54] 管義慈為王季同的內姪，王季同的前妻與繼妻都是他的胞姑母，管氏自小父母雙亡，認王季同夫婦作寄父母。王季同作〈佛法與科學〉一文，管義慈讀後寫了〈讀了佛法與科學的瞎三話四〉，王季同又作〈答管義慈〉反駁管文。王季同，《佛法與科學之比較研究》，頁XII。

[55] 釋太虛，〈佛教之新認識〉，收錄於太虛大師全書編纂委員會編纂，《太虛大師全書》，（雜藏：演講（三）），頁524。

虛，以及王季同，並未解決實證科學的問題，因所謂科學即是在同樣條件下，實驗可以重複進行，也可掌握所得結果，純屬物質層面能操作之舉。王季同雖用心理學的科學分析，但也未攻破科學實證主義的要害，且宗教本屬精神層面，胡適等人若用理解物性的方式來理解佛性，也是無法回答宗教探討的生死問題。嚴格來講，當時中國的唯科學論者並不總是科學家或是科學哲學家，井上哲次郎是位哲學家，胡適為歷史學者，「他們是一些熱衷於用科學及其引發的價值觀念和假設來詰難，直至最終取代傳統價值主體的知識分子。這樣，唯科學主義被看作是一種在與科學本身幾乎無關的某些方面利用科學威望的一種傾向。」[56]最終，如蘇東坡（1037-1101）所題〈王維吳道子畫〉：「中有至人談寂滅，悟者悲涕，迷者手自捫。」所謂宗教與科學的論戰，就像是走在兩條平行線上的二人，雙方堅持己見，理解相異，誠如黑格爾（G. W. F. Hegel, 1770-1831）所言：「每一位科學研究者所應有的心態，總是希望能取得合理的見識。」[57]科學家與宗教家可以對話的交集處，是那份共同尋求真理與解答的渴望。佛教雖難用實證科學驗證，但其精神層面仍可用來維持國家社會的內在道德。

第二節　佛教信仰對於國家道德與社會建構的任務

佛教在與西方科學碰撞交融的同時，佛教信仰本身也承載著國民道德規範與國家社會建構的責任。日本近代啟蒙大師福澤諭吉（1835-1901），幼時因不信長輩所說「神罰冥利」，於是做了

---

[56] 郭穎頤著；雷頤譯，《中國現代思想中的唯科學主義（1900-1950）》（南京：江蘇人民出版社，1989），頁1。

[57] Georg W. F. Hegel ; tr. by J. Sibree, *The Philosophy of History* (New York: Prometheus, 1991), p. 10.

一個試驗，他淘氣地將叔父家的稻荷神社裡供奉御神體的石頭丟棄，[58]自己另外撿了一塊石頭放回神社，福澤看到不知情的人們照樣膜拜，心中暗自竊笑外，也覺得並不存在神的懲罰。福澤年長後對於宗教依然抱持著「逍遙於宗教之外」觀點，但卻嚴格恪守祖先祭祀、親友追悼等法事禮儀，並告誡子孫要依法傳續。站在社會貢獻之經世立場，福澤也強調宗教信仰對於社會的功利性，是一股安定人心與維持倫理道德規範的重要力量。[59]福澤諭吉：「舉凡能夠成為道德規範指南的東西，不論是靠佛法、神道，或是稻荷神，根據人民智識的程度來遵守其教義即可也。」[60]以福澤代表的觀點，本節將審視《佛學叢報》裡佛教信仰對於人民的道德規範與國家利益是如何實踐。

一、佛教信仰與道德規範之作用

清末民初共和初創之際，中國社會的動盪局面，使佛教思想在維護中華文化信仰，鼓鑄國民的道德與信心方面，對於知識界有著得天獨厚的親和力。[61]正如蔡元培在1900年的〈佛教護國論〉寫道：

> 然而耶氏之徒，能攝取社會之文物以為食。……儒佛之中，
> 有能食文物而強大於體質以抵制之者乎？儒之中，蓋有知
> 之者矣。然而儒者拘於世法者也，集網甚密也，資本無出

---

58 「御神體」為神靈依憑之處。

59 小泉仰，《福澤諭吉の宗教観》（東京：慶應義塾大學出版会，2002），頁30-31、33。

60 福澤諭吉，《福澤諭吉全集》，卷4（東京：岩波書店，1961-1962），頁664。

61 李向平，《佛教信仰與社會變遷》（北京：宗教文化出版社，2007），頁515。

也。……學者而有志護國焉者，捨佛教而何藉乎？[62]

引文所論，蔡元培所援引的佛教，是具有能抵禦外力的護國作用。蔡元培接受井上圓了（1858-1919）的思想，認為可以用佛教的真理來護國家，佛教具有能抵禦外力的護國作用，但蔡元培也指出佛教必須改革，建議「當刪去念經拜懺之事，而專用於教事。」[63]

當時佛教界的有志之士，亦提出以佛教作為維繫民心與增進國民道德的安定力量。如同釋宗仰在〈論尊崇佛教為今日增進國民道德之切要〉指出，中國是文明的鼻祖，文明開化超過兩千年，遠在希臘羅馬之前。歷經興廢存亡，今日終於能逐滿復漢，以共和五色之旗，標立於20世紀競爭的世界中。不過，「娼嫉勝，則笑刀相斫；廉恥喪，而裸體自媒……則以秉彝泯而道德斁，久矣不自今日始也」，然何謂道德？道德又在何處可尋？宗仰的回答是：「道德之在人心，猶空氣之在天壤。……人無右（古）今，無中外，亦不能一日不範圍於道德之內，況處國家改造之日，當物競天擇之衝。」於此可知，道德本存於人心，當國家正處過渡發展時期，更要用道德來鞏固民心。儒家講道德，為正心誠意；佛教講修心，亦包含道德。[64]如《禪林寶訓》記載：「道德言行乃教之本也。仁義禮法乃教之末也。無本不能立。無末不能成。」[65]然而，若以佛教來維繫道德，該用哪些宗門的教義最為契機？釋宗仰認為是華嚴宗與法相宗：

---

[62] 蔡元培，〈佛教護國論〉，收錄於沈善洪主編，《蔡元培選集》（下）（杭州：浙江教育出版社，1993），頁981-982。

[63] 蔡元培，〈佛教護國論〉，收錄於沈善洪主編，《蔡元培選集》（下），頁982。

[64] 烏目山僧（釋宗仰），〈論尊崇佛教為今日增進國民道德之切要〉，《佛學叢報》，期4（上海，1913），頁1-3。

[65] 〔宋〕釋淨善集，《禪林寶訓》，收錄於大正新修大藏經刊行會編，《大正新脩大藏經》，冊48，號2022，頁1034下11。

> 以華嚴法相二宗為鵠，而後各具勇猛無畏之氣概……乃能轉
> 此五濁惡世，而放一中華民國之異彩。華嚴所說，在普渡眾
> 生，使眾生頭目腦髓，都可捨施於人，此乃物我同胞之真實
> 境地，更無些子私意，為極端純粹道德。而法相所說，則萬
> 法唯心，以一切有形色相，無形法塵，皆歸於幻見幻想，空
> 諸所有，此又背塵合覺之活潑境地，亦無些子渣滓，為極端
> 清淨道德。[66]

據宗仰的觀點，為普度眾生，可捨頭目腦髓之說，是華嚴宗的教
旨，《大方廣佛華嚴經》記載：「菩薩悉能施頭目，手足肌肉及骨
髓，一切身分盡惠施，其心未曾生中悔。」[67]然並不僅限於以《華
嚴經》為理論依據的華嚴教義，這是大乘佛教共通的特色。「小乘
的理想人格是阿羅漢」，以自度為本意；「大乘的理想人格是菩
薩」，以度他為宗旨。[68]法相宗即唯識宗，萬法為心之說，是法相
唯識宗的義理所在，《觀所緣緣論釋記》：「謂唯言唯識，是總
撥無所緣。所以自宗立萬法唯識者，不無萬法，彰萬法唯心所現
耳。」[69]這也是通大乘諸經典的要旨。釋宗仰將華嚴宗與法相宗視
為引導道德規範之額首，其教理也可看成純粹且清淨的道德，更反
映了清末民初之時，研究華嚴與唯識二宗學理的興盛。

不僅釋宗仰本身大力提倡華嚴與唯識之學，楊文會、章炳麟、

---

66 烏目山僧（釋宗仰），〈論尊崇佛教為今日增進國民道德之切要〉，《佛學叢
　　報》，期4（上海，1913），頁4。
67 〔東晉〕佛馱跋陀羅譯，《大方廣佛華嚴經》，收錄於大正新修大藏經刊行會編，
　　《大正新脩大藏經》，冊9，號278，頁519下8。
68 吳汝鈞，《印度佛學的現代詮釋》，頁62。
69 〔明〕釋明昱記，《觀所緣緣論釋記》，收錄於河村孝照編集，《卍新纂大日本續
　　藏經》，冊51，號832，頁833下13。

譚嗣同，以及歐陽竟無等當時代精通佛學的知識分子，無不對華嚴、唯識有深入的鑽研。章炳麟主張佛教的理論與戒律，能上通智者下徹平民，「所以提倡佛教，為社會道德上起見，固是最要，為我們革命家的道德上起見，亦是重要。」依章氏的道德考量，華嚴宗的佛學是增進國民道德、重建社會信心的有效方法，故「今日要用華嚴、法相二宗改良舊法。這華嚴宗所說，要在普渡眾生，頭目腦髓，都可捨施與人，在道德上最為有益。」[70]

　　總結來看，蔡元培、釋宗仰、章炳麟等知識學人，均試圖從佛教中找尋能維繫國民道德與安定社會的作用，欲將其理念付諸實踐於治理國民與國家。下述將以梁啟超的文章，探討應如何運用佛教信仰於國家與國民中。

二、佛教信仰與國家之維繫

　　1902年，梁啟超發表的〈論佛教與群治之關係〉，是篇劃時代的論著，明確地將本屬心靈層次的佛教信仰，用不容於君主專制之智信的、有利於國民素質提升之兼善的、有助於社會進步之入世的、使生命廣度更擴展向無量的、有利於政治發展之平等的、立足於因果並通於科學之自力的佛教，與其政治理念做結合，認為人民與國家的發展，是可得益於佛教。[71]於此，梁氏的佛教信仰由「出世」轉為「入世」的思想展露無遺，影響當時知識分子對於佛教理性的認知。

　　1912年第一期的《佛學叢報》刊登了篇梁啟超所寫〈論佛教與國民之關繫〉，內容論述中國、國民、宗教、信仰，以及佛教間的

---

[70] 湯志均編，《章太炎政論選集》，冊上，頁273-274。
[71] 梁啟超，〈論佛教與群治之關係〉，《新民叢報》，期23（日本橫濱，1902），頁45-55。

關聯。梁氏指出，立國於大地之上的多數人民，人人有個至尊的信仰，至嚴的監督，至公的裁判，是國家的元素，也是人類的靈魂，那就是「宗教」。國家的興廢，人種的強弱，常和宗教盛衰與信仰厚薄有密切關係。[72]然中國的宗教繁多，以信仰何種宗教為宜？梁啟超認為是佛教，原因有二，一是「中國之程度以佛教為最逗機」。二是「佛教之事理以中國為究竟」。梁氏以憂國憂民之心情論述第一個原因，思考當時中國究竟是文明還是落後？若說政治，有數千年悠久之歷史；若考察學術，諸子百家抑或是佛家已有數十家傳承的派別；中國人民更是有數量龐多統一的文字。可謂世界古國僅存的碩果。不過因道德淪喪，政治薄弱，外力入侵，如果人民還不自覺地去除故往陋習，恐會「十稔而國可亡矣，百年而種可滅矣。」[73]

　　梁啟超提出宗教信仰與國民的程度必須相平衡，也就是佛教所謂「契機」，契合人民的根基，這樣信仰才能普遍流傳。中國如果沒有統一的宗教，或是宗教不契機，那麼將如洪水猛獸般地擾亂社會與人心。不過，哪種宗教才最逗機？「舍我佛其悉屬我」，[74]即指佛教。梁氏將其細分為二：第一是「佛教者唯心之教也」，第二是「佛教者平等之教也」。

　　「佛教者唯心之教也」。萬事萬物有本末終始，千差萬變，均由因緣互成。如果一昧用分別之心，而不先理解「本」與「始」的根源，那麼對事物是無法通達格知。古今中外的宗教，梁氏認

---

[72] 滄江（梁啟超），〈論佛教與國民之關繫〉，《佛學叢報》，期1（上海，1912），頁1。

[73] 滄江（梁啟超），〈論佛教與國民之關繫〉，《佛學叢報》，期1（上海，1912），頁1-2。

[74] 滄江（梁啟超），〈論佛教與國民之關繫〉，《佛學叢報》，期1（上海，1912），頁1。

為佛教是唯一通達因緣所成的義理，佛教之所以成為例外，是因釋迦牟尼所說的教法深廣，一言以蔽之，即「三界唯心」與「萬法唯識」。「三界唯心」出自《華嚴經》之「三界所有，唯是一心。」[75]據佛教的世界觀，「三界」為眾生在其中輪迴流轉的欲界、色界、無色界，表面看起來似有實態，其實是虛妄不實，只是妄心造作所現境界。若妄心不起分別造作，則三界頓然於空寂。[76]「萬法唯識」出自《八識規矩通說》：「故佛說萬法唯識，使知唯識，則知不出自心，以心不見心，無相可得。」[77]意即一切客觀的外境，都非實在，不過是主觀的心識之虛妄變現而已。故「唯識」最後是要轉識成智。佛之所以能成佛，正因窮盡此心，找到本性；眾生之所以為眾生，僅是遺昧了此心，心中的「法」與佛一樣，並未減少。中國的程度思想不齊一，會阻礙進步，但若能明白上述之義，則何須擔心「一人之不收，一法之未盡。」[78]

　　「佛教者平等之教也」。梁啟超舉出釋迦牟尼所說：「無一眾生而不具有如來智慧，但以妄想顛倒執著而不證得。」[79]闡釋佛教沒有高下貴賤的「平等」觀念。梁啟超論述：「中國今日，專制之威未盡，共和之利未彰……，使以宗教所詮，為政治之原理。平等之說，化人心於不知，功效將來，不可思議。此佛教之逗機者二也。」[80]據文，梁氏憂心中國建國之初，還未徹底脫離專制，新建

---

[75]　〔東晉〕佛馱跋陀羅譯，《大方廣佛華嚴經》，收錄於大正新修大藏經刊行會編，《大正新脩大藏經》，冊10，號279，頁193下17。

[76]　吳汝鈞編著，《佛教思想大辭典》，頁72。

[77]　〔唐〕三藏法師玄奘集，〔明〕釋德清，《八識規矩通說》，收錄於河村孝照編集，《卍新纂大日本續藏經》，冊55，號893，頁420下13。

[78]　滄江（梁啟超），〈論佛教與國民之關繫〉，《佛學叢報》，期1（上海，1912），頁2-3。

[79]　〔東晉〕佛馱跋陀羅譯，《大方廣佛華嚴經》，收錄於大正新修大藏經刊行會編，《大正新脩大藏經》，冊10，號279，頁272下4。

[80]　滄江（梁啟超），〈論佛教與國民之關繫〉，《佛學叢報》，期1（上海，1912），頁3。

立的共和體制成效也未彰，應當用宗教的「平等」詮釋，當作政治的原理。

　　第二個原因「佛教之事理以中國為究竟」。梁啟超認為，佛教已成立三千年之久，普傳數十國，然中國是將其發揮極致之地。中國佛教的特別之處有二：（一）佛教之大乘為中國傳之。（二）佛教之宗派唯中國開之。第一個特色是大乘佛教：「佛教之大乘為中國傳之。我佛說法，有權有實，權者非究竟也，其理悉出小乘；實者究竟也，其理悉在大乘。」[81]佛教從東漢末由印度傳入中國之初，小乘佛教略興，其後兩千年，大乘佛教在中國發揚光大，成為了中國佛教的主要命脈。釋迦牟尼佛為適應眾生不同的根器而說的方便教法，而有「權」「實」之說。「權」者為「權教」，是作為進入最後真實的大乘教之媒介與中間的教法。[82]「實」者為「實教」，意即真實的教法；表示最高真理、最後歸宿的教法。與作為方便權宜的權教對揚。[83]第二個特色是宗派：

> 佛教之宗派唯中國開之。學佛而不知宗派，則時教權實，總無由分。其由入山而迷途徑，航海而失經緯也。宗派亦多矣，而融通哲學究竟法源，莫過於教下三宗，其中唯法相一家，源淵天竺；若華嚴天台，則皆創之中國；他若禪門淨土，原始要終，亦無一非中國所發揮而光大者；即他國之得聞大乘，亦無一非受諸中國，而不能別有所益焉。此其究竟者二也。[84]

---

[81] 滄江（梁啟超），〈論佛教與國民之關繫〉，《佛學叢報》，期1（上海，1912），頁3-4。

[82] 吳汝鈞編著，《佛教思想大辭典》，頁564。

[83] 吳汝鈞編著，《佛教思想大辭典》，頁495、564。

[84] 滄江（梁啟超），〈論佛教與國民之關繫〉，《佛學叢報》，期1（上海，1912），

欲知佛學的法源，則不得不理解中國佛教多元的「宗派」，主要有
八宗，分別是三論宗（法性宗）、瑜伽宗（法相宗）、天台宗、華
嚴宗（賢首宗）、禪宗、淨土宗、律宗，以及密宗。當中只有瑜伽
宗（法相宗）緣於印度；天台宗與華嚴宗皆是中國創立；其他如禪
宗與淨土宗，皆在中國所發揚。構成中國佛教兩大特色的大乘與宗
派，除在中國本土深根，也向外擴展至日本、韓國、越南等地。

　　《佛學叢報》刊登了一篇梁啟超的〈蒞佛教總會歡迎會演說
辭〉，內容從佛教的角度闡明梁氏心中的民主共和國之觀念。依梁
文所述，君主專制是以君為主體，國為客體，國家與國民為君主的
所有物，故種種流弊因而產生。反之，民主共和國的國家本體是立
於全國人民之上，存在於全國人民之中，若離開國民，則國家亦不
成立也，梁氏將其觀點放入佛教的「法身觀」來作說明：

> 法身者與眾生非一非二，立夫眾生之上，而實存乎眾生之
> 中，眾生妄起分別相，不自知其與法身本同一體，於是造成
> 五濁惡世，擾擾無已時。國家與國民之關係亦然，國民不自
> 知與國家本同一體，故對於國家生人相我相，於是乎始有
> 以一己之利益犧牲國家之利益者，人人如是，則國家或幾
> 乎毀矣。[85]

引文可知，梁啟超巧妙地將「國家」譬喻為佛教的「法身」，將中
國「人民」譬喻為佛教所說的「眾生」。捨離「法身」，則「我」

頁4。
[85] 滄江（梁啟超），〈蒞佛教總會歡迎會演說辭〉，《佛學叢報》，期3（上海，
1912），頁1-3。

就不存在，若捨離「我」，「法身」亦不存在；同樣地，捨離「國家」，其「國民」則不存在，若捨離「國民」，「國家」亦不存在。梁氏用此反覆辯證的方法，來說明自己對於共和國的政治觀點，或者是政治教育，讓中國人理解自己與國家具相依相存的共生關係。

　　佛教信仰與教理被知識分子們緊密地和國民道德規範與國家作連繫，其意圖除了教內人士欲求佛教也能參與社會的革新潮流，也是教外人士發現能對應西潮與鞏固國家的有用利器。此節立足於中國內部的視角，筆者將從世界宗教的觀點，探討佛教本身的定位。

第三節　世界宗教的類別與佛教的定位

　　約翰・希克（John Hick, 1922-2012）認為，必須視宗教思想與經驗為一個全世界的連續體，它包含了世界各大傳統從古代開始至現今仍在歷史發展中的各種模式。[86]宗教本身可說是由思想與經驗組合而成，並於世界不同文化的歷史中呈現多樣面貌。近代中西往來頻繁，西洋宗教隨著西洋傳教士傳進中國後，中國本土宗教如佛教，也加入了世界宗教的行列。佛教界的知識分子，開始把視野擴大，透過理解歐美的宗教，與佛教作一對比，釐清彼此的異同。本節將探討《佛學叢報》裡，中國佛教是如何看待此一世界宗教思潮？佛教本身又是怎樣為自己定位？

　　《佛學叢報》有一篇沈無生刊登之〈問題六則敬祈賜教〉的短文，因沈氏不贊同當時學者多簡單認定佛教為無神教，故簡述自己體會到世界宗教的三種類別，並分別套用在佛教身上的心得，想

---

[86] John Hick, *An Interpretation of Religion: Human Responses to the Transcendent* (New Haven: Yale University Press, 1989), p. 9.

請《佛學叢報》給予賜教。關於佛教於多神教、一神教、無神教此三者，當屬何種？沈氏提出三個疑惑：第一，若說佛教是無神教，佛經記載有十方三世一切諸佛、菩薩眾、諸天帝釋、聲聞緣覺，其數無量，如恆河沙之多，於三種宗教類別中，更近似於多神教。第二，佛教經典有云：「一切諸佛，即是一佛身，譬如淨滿月，普應一切水。」按照此義，一佛即是一切佛，一切佛即是一佛，這又像是一神教。第三，古德禪宗公案，有喝佛罵祖者，如《古庭禪師語錄輯略》記載：「師拈云：喝佛罵祖，鍛聖鎔凡，卻不是你胡筛曲調。趙璧燕金，珠回玉轉要且向孤峰頂上。大洋海底，坐臥經行，出入自在。」[87]又有如《法華玄義釋籤》記載：「心、佛、眾生，三無差別。」[88]眾生心即是佛心，心即佛，佛即心，這也就是佛教被稱為無神教的由來。不過，若是無神，觀看佛教有禮拜、懺悔、持誦，以及迴向等儀式，便又不能單視為無神教。[89]對此，《佛學叢報》的答覆是，欲明辨三種宗教，若以釋迦牟尼應機說法之意，則三種宗教類別套用在佛教上皆說得通：

> 或依上中下三根分立三種教相，意亦顯然。要知此三教者，相異體同，神鬼之說，理所應有……。據實而論，教中說一切諸法，不離三觀。就以神言，亦有無二邊均不可執，不落有無，方為中道。[90]

87　〔明〕古庭善堅禪師說；陶珽重編，《古庭禪師語錄輯略》，收錄於《明版嘉興大藏經》，冊25，號B163（臺北：新文豐出版公司，1987），頁253下18。
88　〔唐〕釋湛然，《法華玄義釋籤》，收錄於大正新脩大藏經刊行會編，《大正新脩大藏經》，冊33，號1717，頁858上10。
89　沈無生，〈問題六則敬祈賜教〉，《佛學叢報》，期6（上海，1913），頁9-10。
90　〈答山陰沈無生居士〉，《佛學叢報》，期6（上海，1913），頁7-8。

內文可見，佛教義理按眾生根性分為上根、中根、下根，並對應三種教相，即頓教、漸教，以及不定教。一神教、多神教，以及無神教的類別，表面看起來不同，但實際的本體上是相同的。佛教的教法，不脫離「三觀」，三觀在佛教天台宗的實踐理論為「一心三觀」，即「空觀」，是觀取事物本質方面的性格，為空無自性的真理；「假觀」則是觀取事物緣起方面的性格，各種事物都有其緣起的條件，每件事物的緣起條件也都不同；「中觀」的層次較「空觀」與「假觀」為高，既不偏執於事物個別性的「假觀」，也不偏執於事物共同本質的「空觀」，是超越空假二觀，並同時綜合兩種的觀法。[91]真理本內在於眾生之心，當心靈將其本有的真理之三個面相表現出來，這便是一心三觀。

　　釋宗仰於《佛學叢報》的〈論尊崇佛教為今日增進國民道德之切要〉一文中，將世界宗教歸類為多神教、一神教，以及無神教，並提出其對於三種宗教類別的見解：

> 必由貴族而經歷君主之階級，方可漸入共和，非可躐等而進也。……教猶是也，必由多神教而經歷一神教之階級，方可漸入無神教，非能倏忽變更也。[92]

　　引文所見，宗仰認為多神教，一神教，無神教，是宗教發展的三個時期，並比喻像是貴族政體，君主政體，共和政體三階段的循序發展。然細察其思想源頭，宗仰此理論實是延續章炳麟於1906年〈東京留學生歡迎會演說辭〉的講稿內容，提到有人問中國佛教已

實行兩千年，卻無成效時，章炳麟首先將宗教分為三類與三種政體作一比較，並解釋這是一循序漸進，由多神到一神到無神的進化過程：

> 中國古代的道教，這就是多神教，後來進來的佛教是無神教，中間未經一神教的階級，以致世人看佛，也是一種鬼神，與那道教的種種鬼神，融化為一。……所以佛教並無效果。如今基督教來，崇拜一神，借催陷廓清的力，把多神教已經打破，所以再行佛教，必有效果可見的了。[93]

依據章炳麟的說法，中國宗教的發展，佛教之所以被認為是像道教一樣的多神教，是因中間並無經過一神教的過程，才導致佛道混淆，但之後因一神教的基督宗教西來，才釐清了佛教非多神教的概念。同年，章炳麟發表〈無神論〉一文，闡述世界各大宗教所具之義理，不出唯神、唯物、唯我這三端，「惟我之說，與佛家惟識相近，……惟物之說，有時亦為佛家所采。……惟物之說，猶近乎等；惟神之說，崇奉一尊，則與平等絕遠也。欲使眾生平等，不得不先破神教。」[94]此處所指，唯我的唯心論近似於佛教的唯識論；認為自然界是精神本源的唯物論，有時也被佛家所採用，唯我與唯物，與平等相近；至於唯神之論，為印度的婆羅門教，及西方的基督宗教，則與平等相去甚遠。

融合章炳麟、釋宗仰，及《佛學叢報》觀點者，則有擔任《佛教月報》總編輯之釋太虛，1913年在此刊物上亦發表〈無神論〉一文，其主要看法為：

---

[93] 湯志均編，《章太炎政論選集》，冊上，頁275。
[94] 太炎，〈無神論〉，《民報》，期8（東京，1906），頁1-12。

> 無神即無造物主，亦無靈魂，而一切皆以無為究竟也。余乃
> 以無造物、無靈魂之無神說，謂出於佛教，……佛教實兼有
> 多神、一神、無神之性質也。[95]

太虛之後又根據「一切皆以無為究竟」這一思想，提出「人生佛
教」，主張佛教應以人類為中心，破除以迷信鬼神為本的宗教，反
對離開現實人生而侈談來世與超渡亡魂。釋太虛認為：「政治界之
進化：由酋長而君主，由君主而共和，由共和而無治；宗教界之進
化：由多神而一神，由一神而尚聖，由尚聖而無教。其進化之程，
實有不期而同者。」[96]太虛心中的政治與宗教之進化論，最終是朝
向「無治」與「無教」之目標前進。

　　總視知識分子們以進化論的觀點，將世界宗教的發展循序漸
進地分為幾個階段，並提出各自的主張。章炳麟、釋宗仰把佛教歸
類為最終發展階段之無神教的範疇；《佛學叢報》回函的依據，則
是以佛理講求的不偏於空、不偏於有、不落二邊、圓融無礙的「中
道」理論來作答覆，將世界宗教的三種類別統攝於佛教當中；釋太
虛更將宗教消亡的「無教」視為進化終點。

小結

　　綜述所論，可以得知，清末民初之際，中國佛教經歷了一次重
要轉型。其背景因素是因鴉片戰後，內憂外患接踵而至，政治、經

---

[95] 釋太虛，〈無神論〉，收錄於太虛大師全書編纂委員會編纂，《太虛大師全書》
（論藏：宗用論（二）），頁284、293-294。
[96] 釋太虛，〈無神論〉，收錄於太虛大師全書編纂委員會編纂，《太虛大師全書》
（論藏：宗用論（二）），頁294。

濟、社會等各方面都受到劇烈衝擊，佛教亦無倖免。也正是面臨如此危難，使佛教界不得不群起因應，亦讓佛教信仰呈現另種新面貌。

靈魂觀念在近代受到中日兩國知識界的廣泛討論，學者們對此定義也不相同。藉由《佛學叢報》可以知悉妻木直良將之視為宇宙大精神，蔡元培則認為是佛教唯識論的第八識阿賴耶識，梁啟超更把進化論裡的遺傳性與之並列，與妻木直良一樣同稱為精神。靈魂之說此時已非單純僅指人去世後的靈魂，而是一套具有科學與哲學邏輯性的宇宙觀。清末延續至民初之時科學與玄學，及宗教與科學所展開的激烈論戰，顯示出無論是科學萬能，或如梁啟超《歐遊心影錄》所述的科學破產，近代中國知識分子無一不受西方科學的影響，而將之拿來和中國本有的玄學與佛教等文化學說互相討論。雖然各人立場主張並不相同，實證科學與難以驗證的人生觀與佛教信仰，也無法放入同一脈絡與平台上找出其交集之處，然而，這些知識分子所共同追求的，是尋求真理與解答的那份熱忱。

佛教與近代科學學問的融攝之議題，以井上政共的文章檢視，他將當時從歐洲傳來之科學式的與哲學式的「學問」來與「佛教」做一比較，發現佛教與學問除了基本的差異性，事實上是各司其職，均以謀求人類文明的進步為主要目的，亦可窺見當時的知識分子以佛學融入科學學問的新趨勢。關於佛教信仰與國民的關係，和屬於科學的哲學的學問一併檢視，梁啟超所論「佛教與國民之關繫」，是在民國肇建之初，國勢民心還未穩定的政治社會環境下，以一種憂國憂民的心情，提出以佛教的信仰來安定人心，因佛教教義對於中國來說最為契機。這雖是梁氏個人的一己之見，但也代表著中國知識分子在政治理念之外，有企圖以一種內在道德力量使中國能夠強盛的冀望。

　　經由《佛學叢報》中對於世界宗教類別的探析，理解知識分子認為宗教的發展是一神教到多神教，最後是無神教，並分別對應到貴族政體、君主政體，及共和政體之三個階段，且各自提出見解。章炳麟與釋宗仰把佛教定位為無神教的範疇；《佛學叢報》回函的依據，則是以佛教義理的「中道」來作答覆，把三種類別的世界宗教融攝於佛教裡面；釋太虛更視「無教」為進化終點。

　　最終來看，為回應新思潮的衝擊，佛教在近代逐漸脫離高談心性，走向與社會結合具有入世精神的佛教，為讓信仰的根基能免於摧毀，內在保存傳統義理，外在與科學式的新學作結合，內外交織形成了佛教信仰近代轉型的特徵，此為轉型時期佛教信仰認知的特殊面貌。

第六章
結論

　　20世紀初的中國，如李鴻章（1823-1901）所說，是一個「三千年未有之變局」。中國佛教身處於新時代的變局，展現出覺醒之姿。1912年由狄葆賢創刊的《佛學叢報》，作為民國時期第一本專業化的中文佛教期刊，扮演著領頭先鋒的角色，亦為近現代佛教文化振興運動中重要的一環。

　　《佛學叢報》的創辦背景可推論深受三個潮流的影響：

一、清末民初報業的發展。清末因出版技術逐漸發達，加上在野之有識者認為政治上有待改革，苦無管道，多藉報紙發抒其意見。武昌起義，報紙鼓吹之功不可沒。迨進入民國後，臨時政府頒布《臨時約法》，公告「人民有言論著作刊行之自由」，佛教界也因「人民有信教之自由」之條文，開始藉由辦報一面闡揚佛教，一面也作為佛教界各訊息交流的平台。釋太虛記述：「吾國佛教之有月刊，始於民國元年濮君一乘、狄君楚青之佛學叢報。」[1]

二、清末民初國粹運動。國粹運動者主張（1）.「國學」這種文化為漢族所獨有，異族政權的文化並非正統；（2）.反

---

[1]　釋太虛，〈佛化旬報緒言〉，收錄於太虛大師全書編纂委員會編纂，《太虛大師全書》，（雜藏：文叢（四）），頁843。

對專制制度，對民主表示認同。佛教界亦受此國粹運動思潮影響，濮一乘於〈中華民國之佛教觀〉裡闡揚「佛教者，中華民國唯一之國粹也」[2]即為代表之一。

三、面對廟產興學與反宗教思潮的回應。清末延燒至民初的廟產興學，直接波及到佛教的生存問題。除了佛教會是因廟產興學等背景而成立，《佛學叢報》亦大量刊載廟產爭訟等新聞事件。也因清末民初「科學」與「宗教」對峙的思想潮流，甚至引發1920年代的「科玄論戰」。佛教界回應於此產生諸多論述，《佛學叢報》的核心關懷便是以中華民國創立之初的新時局裡，解決人們對於佛教的毀謗和破除迷信的迷思，運用哲學理論來導正人心，為創立宗旨，濮一乘的〈中華民國之佛教觀〉即依循其宗旨著重「佛教非迷信」的闡述。

尤其重要的是，《佛學叢報》體現了與傳統關係的連續性，以及突破傳統，與新思潮結合的非連續性，本書總結共有六項重點：

第一、民國佛教期刊的先聲。相對於五四時期大量佛教刊物的刊行，民國初年發行的《佛學叢報》，看似孤軍力寡，然對民初佛教刊物影響深遠。黃夏年曾指出：「民國佛教是明清佛教的延伸。這一時期的特點為理論創新不出，佛教人才不濟，迨至五四運動新文化思潮的影響下，中國佛教界才開始奮起直追。」[3]透過本文的梳釐，發現到五四時期之前的《佛學叢報》，其創辦背景、創辦人物、投刊作者，以及期刊內容，均呈現出近代佛教的新興面向，也因其打下的基礎，使之後出刊近兩百多種的民國佛教刊物為之仿效，佛教文化事業日益興盛。

---

[2] 濮一乘，〈中華民國之佛教觀〉，《佛學叢報》，期1（上海，1912），頁4。
[3] 黃夏年主編，《民國佛教期刊文獻集成・補編》，頁2。

　　盛世修典是中國學術史上重要的展現，[4]透過民國時期佛教文
化的復興活動，理解當中《民國佛教期刊文獻集成》的收集與整
理，是一項填補中國佛教歷史上在近現代從未有過的大範圍對新式
佛教報刊文獻整理之創新活動。這些佛教刊物所具之特色主要是在
參與者廣，文章反映佛教界各種創刊團體的訴求等。[5]出版時間有
長有短，但均從各個側面反映了佛教文化事業的發展。

　　閱覽《民國佛教期刊文獻集成》收錄共二百三十三種民國佛
教期刊，發現繼《佛學叢報》後，這些期刊基本上都仿效其編輯
形式。值得注意的是，相較於以居士為主體的《佛學叢報》，1913
年由僧界的中華佛教總會創刊的《佛教月報》，專欄從第一門類
的「圖畫」編排到最後一門類的「叢錄」，設計類型與《佛學叢
報》相仿無疑。1920年刊行至今近一百年，由釋太虛創辦，反映了
20世紀上半葉中國佛教歷史狀況及其改革歷程的《海潮音》，亦代
表著佛教僧人的創辦理念，若審視《海潮音》，可發現大體上也依
照《佛學叢報》的編排特色設計，更增闢了佛教界「大世紀」之專
欄，使期刊內涵更為豐富。藉由《佛學叢報》以「解無為之謗，
釋迷信之疑。促人類之進步，保世界之和平」[6]的宗旨，《佛教月
報》刊旨「灌輸佛學喚起人類信仰。普及教育改良僧界習慣。提倡
公益振興慈善事業。融會異說督促社會進步」[7]之主張，以及《海
潮音》欲「發揚大乘佛法真義，應導近代人心正思」[8]之號召，旨
趣上雖然有所差異，但以發揚佛教真理，導正社會人心並使國家進
步的理念卻相一致，故《佛學叢報》對民國時期佛教刊物有著持續

4　黃夏年主編，《民國佛教期刊文獻集成・補編》，頁2。
5　黃夏年等主編，《民國佛教期刊文獻集成》，前言，頁2。
6　〈發刊辭〉，《佛學叢報》，期1（上海，1912），頁2。
7　〈本報徵文通告〉，《佛教月報》，期2（上海，1913），頁碼未標註。
8　〈海潮音月刊出現世間的宣言〉，《海潮音》，期1（杭州，1920），頁1-6。

影響力之意義。

　　第二、新興居士佛教的崛起。近代中國佛教在一批強烈感受到新時代氛圍的佛教學人，試圖突破中國佛教萎靡現狀的情況下，首先由帶動近代佛教復興運動的楊文會，利用曾隨曾紀澤（1839-1890）遊巡歐洲學習西方新知的經歷，回國後借用西式教育制度創辦祇洹精舍，培養僧俗兩屆人才；並設立金陵刻經處，蒐羅海內外佛教典籍印刷出版。狄葆賢與濮一乘承接此理念，創辦新時代的媒體雜誌──《佛學叢報》，廣納各方佛學研究文章，藉以傳播佛教文化；曾在祇洹精舍隨楊文會學習佛學的釋太虛，除了創辦中國第一所佛教學院──武昌佛學院，更主張教理教制教產三大革命，期盼提升佛教整體的素質。事實上，楊文會、狄葆賢、濮一乘，以及釋太虛等佛教學人，無一不是以傳統為基底，將佛教帶往近代化轉型的實踐目標中。

　　由此觀看清末民初中國的知識學人，以康有為、嚴復、梁啟超、譚嗣同、章炳麟，以及王國維等為代表的這些學人，是象徵突破性的一代，是價值轉型者和來自西方新思想的肩負者。美國漢學家史華慈認為，莫里斯‧邁斯納（Maurice Jerome Meisner, 1931-2012）所說：「『五四』運動和1966年以後中國的發展，都被謂之為『文化革命』，並且都被按照『意識的轉化』來描述。」[9]此一論述本身表明了這只是少數先驅精英共同潛在的意識傾向。然必須注意的是，千萬不可忽略了此批受新思潮影響的學人，無一不是從傳統裡出生，無一不是從小便熟讀四書五經，甚至參加過科舉考試取得功名。所以當我們在討論五四新思潮時，理應追本溯源地將此因素放入一併瞭解。無論嚴復和梁啟超這一代在知識層面的新思想

---

[9]　許紀霖、宋宏編，《史華慈論中國》（北京：新星出版社，2006），頁85。

如何勇敢和開放，從這一代的個人文化觀點來看，他們仍舒適且根深蒂固地生活於傳統文化之中。[10]

　　藉由瞽清《佛學叢報》作者群之背景，可得知以居士為重要組織成分之《佛學叢報》的供稿者，多為清末親近過被學者稱為「中國佛教復興之父」[11]——楊文會之學人，使叢報嶄露延續楊文會居士佛教復興理念關懷之意義。不同於古代傳統之居士佛教，性質基本上是歸屬於佛教寺院的信眾團體，並與寺院有著密切關係，民國時期的居士佛教，已產生顯著的近代轉型之特色。透過《佛學叢報》的探討，可得知其以鼓吹佛教振興、維護僧眾利益、普及佛教知識、解答佛教問題、交流佛教信息，以及搭設佛教界往來平台為主要用意之所在，更促進了寺僧與居士之間的互動關係。[12]

　　第三、近代中國佛教無法忽視的日本因素。釋太虛曾說：「近代日本佛教，於古代所傳保存無缺，適應現代由西洋來之新文化，漸變其古風而期普及民眾。」[13]明治維新以後，由於日本接受西方文化，佛教也隨之採取西方治學的方法，以歷史進化論與社會科學的方式來作研究。透過《佛學叢報》關於近代中日佛教文化交流之研究，得知佛教在清末民初的文化現象，已非單純的「文化交流」，應視之為「文化倒流」更顯貼切，亦即原本從中國傳至日本的佛教，經過日本吸收西學洗禮過後，又反傳回中國，並為中國佛教學人所接受。中國佛教史研究受到日本因素影響亦不容忽視，《佛學叢報》收錄楊文會所著〈十宗略說〉，即是以日書內容為基底撰成。1928年由蔣維喬所著《中國佛教史》，被稱為中國第一部

---

[10] 許紀霖、宋宏編，《史華慈論中國》，頁87。

[11] Holmes Welch, *The Buddhist Revival in China*, pp. 1-22.

[12] 唐忠毛，《中國佛教近代轉型的社會之維：民國上海居士佛教組織》，頁3、78。

[13] 釋太虛，〈中日佛法之異點〉，收錄於太虛大師全書編纂委員會編纂，《太虛大師全書》（雜藏：演講（一）），頁158。

佛教通史，亦是參考日人境野哲的《支那佛教史綱》著作而完成。值得注意的是，《佛學叢報》最早翻譯日人的佛教史書籍介紹給中國人閱讀，此種翻譯刊載的形式，讓其後出版的佛教期刊爭相效仿，使刊物內容有著廣納世界多元視角的新趨向。

　　第四、突破傳統山林佛教，轉向入世佛教形態之趨勢。審視中國佛教界受清末民初廟產風波等事件影響，開始一連串積極的實際行動，民初居士的佛教會與僧眾的中華佛教總會，即於此際應運而生。探析僧俗兩界各自成立的佛教會組織，或是呈疏宗教法則予國民政府，請求給予政府遵照宗教自由的法則給予保護；或是聘請律師，幫助廟產受到侵占的寺廟與地方政府打官司等事務。清末民初的中國佛教界，在面對政府條例與社會時局變遷壓力下所作的種種舉措，此種由以往「被動」態度轉變為「主動」應對的處理型式，實為在共和初期政府管理寺廟條例推行下，佛教界回應大環境變局的因應之道，也是自由共和體制下宗教界捍衛自身權益之舉，更可視為適應時代轉型而尋求得嶄新道路。

　　第五、傳承與創新近代中國佛教歷史書寫的新形式。檢閱傳統佛教的典籍中，現存大約兩百部的中國古代佛教史籍，觀察其內容，多是記錄一人或是一宗的傳記，至於佛教盛衰之蹤跡，則很難有系統地看出整體面貌。中國自魏晉南北朝時期，從印度傳入中國大量的三藏典籍被學者譯出，中國佛教徒對其典籍內容的認定不同，而有「判教」思想的產生，如天台宗五時說的分類，將佛教經典的成立歷史作了明確的分期。此種按照時間順序的判別方式，是根據教義需求編排而出，並未能代表經典產生先後的真實歷史次序。

　　值得注意的是，《佛學叢報》收錄譯載了多篇日本的佛教史籍，像是《三國佛教略史》、《佛教歷史問答》與〈釋迦牟尼佛

傳〉，其共同之處，是近乎鉅細靡遺地介紹佛教創立者與起源地，即釋迦牟尼與印度佛教。編輯者收錄此些著作的考量，相當程度受到當時國粹運動的影響，這對處於民初動盪時局下的《佛學叢報》，不失為回溯佛教根源，知往鑒今地探尋未來方向的一條道路。總結來看，近代中國受到西學的影響，佛教歷史書寫在傳統與近代交替的過程中，一方面保存傳統的宗門與判教的撰寫型態，另方面亦轉型成為具近代通史性質的歷史分期之寫作方式。

　　第六、科學的衝擊與回應。佛學研究在近代知識界的興起，以及受到西學的影響，使得佛教信仰已不單純只為信仰而信仰，而是帶有科學式審視真理的智信認知，以帶有一種實證的知識來認識所信仰的對象，此為佛教信仰性質轉變的要素。正因如此，近代佛教的轉型特徵，即逐漸脫離高談心性，走向與社會結合具有入世精神的佛教，除了保存傳統義理，很大部分已與科學式的新學作結合，這種結合會通出不同於傳統佛教信仰的新思潮，並在新舊思想的會通中，傳統佛教開始廣納新式的革新思想。深究《佛學叢報》的宗旨，即以哲學義理的佛學為基礎，讓讀者對佛教學理有著通盤瞭解後，產生對佛教信仰的正確認知。

　　藉由因果緣起、進化天演，以及生滅循環，這三者討論近代佛教史觀無法忽視的議題，得知近代因西方進化論的觀點傳入中國，與佛教經典論述的時間觀，二者有一互相嵌合的有機作用，也是值得注意的現象。近代佛教歷史觀的轉變與形成，透過梁啟超、了一居士、釋太虛、大悟，以及古河勇等人的詮釋，發現他們由因果論、互緣關係、因緣果理論，一直到進化論，不斷地補足並展開的論述，最終建構形成一套進化循環史觀。職是之故，在傳統佛教史觀與近代天演進化史觀交融互補的轉化過程中，也讓佛教史觀於近代呈現蓬勃發展的多樣面貌。總體來看，傳統佛教基本上就屬一種

內在心靈的信仰，近代以前，人們很少會去檢視佛教信仰是否符合理性與科學；近代以後，在近代科學衝擊之下，才被知識分子用合乎理性與排除感性的角度檢視。職是之故，佛教為回應新思潮的衝擊，讓信仰的根基能免於摧毀，外在尋求學習新式科學的方法，內在也回溯至傳統佛學中找尋因應之道，內外交織形成了佛教信仰近代轉型的特色，此為轉型時期佛教信仰認知的主要特徵。

　　中國佛教前進近代的路程中，面臨的最大困境，無疑是如何在適應近代國家社會型態的轉型中保存傳統。狄葆賢的《佛學叢報》體現了傳統佛學與西學的匯通；梁啟超的《歐遊心影錄》主張「東方救世主義」；又像是《東方雜誌》的主編杜亞泉主張東西衝突「持中調和」。[14]上述內容雖有差異，但借用西方的理論，來維護中國佛教與中國傳統文化的理念是共通的。如現代新儒家之花果飄零，在辛亥與五四以來之20世紀的中國現實與學術土壤上，銜接「程朱理學」的文化運動，以其為中國哲學或中國思想的根本精神，並將其為主體，來吸收、接受和改造西方近代思想和西方哲學，以尋求當代社會、政治、文化等方面的現實出路，[15]試圖在中國儒家精神文化道德的基礎上，促進科學基礎的發展，完成民主建國的事業。中國佛教在近代遭遇廟產興學，歷史觀與歷史書寫的轉變，以及信仰本身的認知碰到西學衝擊的轉型後，亦試圖作獅子吼，絕地而生。而在近代化轉型過程中，中國佛教意識到必須保有內在命脈，將轉變的基礎建立在傳統佛教文化之上，若一旦如同五四時期主張的全盤西化，便會喪失了中國佛教文化的本性。

　　值得注意的是，佛教利用現代制度，來做為自己於近代國家社

---

[14] 傖父（杜亞泉），〈再論新舊思想之衝突〉，《東方雜誌》，卷13期4（上海，1916），頁1-6。

[15] 李澤厚，〈略論現代新儒家〉，《中國現代思想史論》（臺北：三民書局，1996），頁286。

會中生存的方式，事實上是接受與本身相對化的觀念。以佛教信仰認知的轉型來看，對比於過去強調真理的絕對化，近代佛教徒提出宗教自由的訴求，承認本身是所有信仰中的一種，與其他宗教同時存在於政府頒布的信仰條例之中。絕對化的去除，讓佛教意識到已納入世界宗教的體系，使其不得不走出傳統，邁入近代，接納教外主流文化來因應內部傳統佛教文化，並建構出中國佛教自己的新文化。

　　放眼一百多年來的中國佛教，轉型歷程並無間斷。回顧民國初年的《佛學叢報》，在中國佛教近代轉型的過程裡，串連起過去與未來佛教的文化橋樑，實可讓我們更清楚地理解近代佛教發展的重要脈絡。

徵引書目

中文史料

佛學典籍

1. 大正新修大藏經刊行會編，《大正新脩大藏經》，東京：大藏出版株式會社，1988。
2. 河村孝照編集，《卍新纂大日本續藏經》，東京：株式會社國書刊行會，1975-1989。
3. 〔東晉〕佛馱跋陀羅譯，《大方廣佛華嚴經》，收錄於大正新修大藏經刊行會編，《大正新脩大藏經》，冊9，號278。
4. 〔東晉〕佛馱跋陀羅譯，《大方廣佛華嚴經》，收錄於大正新修大藏經刊行會編，《大正新脩大藏經》，冊10，號279。
5. 〔後秦〕佛陀耶舍共竺佛念譯，《長阿含經》，收錄於《大正新脩大藏經》，冊1，號1。
6. 〔陳〕真諦譯，《轉識論》，收錄於大正新修大藏經刊行會編，《大正新脩大藏經》，冊31，號1587。
7. 〔梁〕釋慧皎，《高僧傳》，收錄於大正新修大藏經刊行會編，《大正新脩大藏經》，冊50，號2059。
8. 〔隋〕智顗禪師，《四教義》，收錄於大正新修大藏經刊行會編，《大正新脩大藏經》，冊46，號1929。
9. 〔隋〕闍那崛多等譯，《起世經》，收錄於大正新修大藏經刊行會編，《大正新脩大藏經》，冊1，號0024。
10. 〔唐〕三藏法師玄奘集；〔明〕憨山沙門德清述，《八識規矩通說》，收錄於河村孝照編集，《卍新纂大日本續藏經》，冊55，號893。
11. 〔唐〕圭峰宗密，《原人論》，收錄於大正新修大藏經刊行會編，《大正新脩大藏經》，冊45，號1886。
12. 〔唐〕釋湛然，《法華玄義釋籤》，收錄於大正新修大藏經刊行會編，《大正新脩大藏經》，冊33，號1717。

13.〔宋〕釋志磐，《佛祖統紀》，收錄於大正新修大藏經刊行會編，《大正新脩大藏經》，冊49，號2035。

14.〔宋〕釋道原，《景德傳燈錄》，收錄於大正新修大藏經刊行會編，《大正新脩大藏經》，冊51，號2076。

15.〔宋〕釋淨善集，《禪林寶訓》，收錄於大正新修大藏經刊行會編，《大正新脩大藏經》，冊48，號2022。

16.〔宋〕德初、義初等編，《真歇清了禪師語錄》，收錄於河村孝照編集，《卍新纂大日本續藏經》，冊71，號1426。

17.〔元〕念常，《佛祖歷代通載》，收錄於大正新修大藏經刊行會編，《大正新脩大藏經》，冊49，號2036。

18.〔元〕如瑛編，《高峰龍泉院因師集賢語錄》，收錄於河村孝照編集，《卍新纂大日本續藏經》，冊65，號1277。

19.〔明〕錢謙益鈔，《楞嚴經疏解蒙鈔》，收錄於河村孝照編集，《卍新纂大日本續藏經》，冊13，號287。

20.〔明〕釋廣益纂釋，《八識規矩纂釋》，收錄於河村孝照編集，《卍新纂大日本續藏經》，冊55，號894。

21.〔明〕釋德清，《紫柏尊者全集》，收錄於河村孝照編集，《卍新纂大日本續藏經》，冊73，號1452。

22.〔明〕釋明昱記，《觀所緣緣論釋記》，收錄於河村孝照編集，《卍新纂大日本續藏經》，冊51，號832。

23.〔明〕釋德清，《八識規矩通說》，收錄於河村孝照編集，《卍新纂大日本續藏經》，冊55，號893。

24.〔清〕彭際清，《居士傳》，收錄於河村孝照編集，《卍新纂大日本續藏經》，冊88，號1646。

25.〔清〕彭際清，《無量壽經起信論》，收錄於河村孝照編集，《卍新纂大日本續藏經》，冊22，號400。

26.〔清〕彭際清，《二林唱和詩》，收錄於河村孝照編集，《卍新纂大日本續藏經》，冊62，號1210。

27.悟醒譯，《大王統史》，收錄於元亨寺漢譯南傳大藏經編譯委員會編譯，《漢譯南傳大藏經》，高雄：元亨寺妙林出版社，1990-1998。

古籍史料、文集及其他

1. 〔北齊〕魏收撰；楊家駱主編，《魏書》，臺北：鼎文書局，1980。
2. 〔明〕古庭善堅禪師說；陶珽重編，《古庭禪師語錄輯略》，收錄於《明版嘉興大藏經》，冊25，號B163，臺北：新文豐出版公司，1987。
3. 〔明〕李之藻等撰，《天學初函》，臺北：臺灣學生書局，1965。
4. 〔清〕朱壽朋撰，《〔光緒朝〕東華續錄》，冊17（據復旦大學圖書館藏清宣統元年上海集成圖書公司鉛印影印），上海：上海古籍出版社，2008。
5. 丁韙良，《天道溯原》，上海：美華書館，1872。
6. 大醒，《日本佛教視察記》，上海：行願庵，1936。
7. 中國文化書院學術委員會編，《梁漱溟全集》，濟南：山東人民出版社，2005。
8. 中國第二歷史檔案館編，《中華民國史檔案資料彙編第3輯文化》，南京：江蘇古籍出版社，1991。
9. 方廣錩，《藏外佛教文獻》，北京：中國人民大學出版社，2010。
10. 王季同，《佛法與科學之比較研究》，上海：國光印書局，1932。
11. 王雲五主編，《靈樞經》，上海：商務印書館，1931。
12. 王雷泉編選，《歐陽漸文選》，上海：上海遠東出版，2011，2版。
13. 太虛大師全書編纂委員會編纂，《太虛大師全書》，香港：太虛大師全書出版委員會出版；臺北：海潮音社發行，1950-1956。
14. 包天笑，《釧影樓回憶錄》，臺北：龍文出版社，1990。
15. 呂澂，《佛教研究法》，黃懺華，《佛學概論》，揚州：廣陵書社，2009。
16. 宋原放主編；汪家熔輯注，《中國出版史料（近代部分）》，卷3，武漢：湖北教育出版社，2004。
17. 狄葆賢，《平等閣筆記》，臺北：世界書局，1971。
18. 沈善洪主編，《蔡元培選集》（下），杭州：浙江教育出版社，1993。
19. 周光培主編，《中華民國史史料四編》，揚州：廣陵書社，2010。
20. 胡適，《胡適文存》，集2卷3，上海：上海書店，1989。
21. 夏曾佑著；楊琥編，《夏曾佑集》，上海：上海古籍出版社，2011。
22. 孫燕京、張研主編，《民國史料叢刊續編267 政治 政權結構》，鄭州：大

象出版社，2012。

23.浮田和民著；羅大維譯，《史學通論》，上海：進化譯社，1903。

24.浮田和民著，李浩生譯，《史學通論》，杭州：杭州合眾譯書局，1903。

25.耿雲志主編，《胡適論爭集》，北京：中國社會科學，1998。

26.康有為，《大同書》，上海：上海古籍出版社，2009。

27.章開沅主編，《清通鑒　同治朝　光緒朝　宣統朝4》，長沙：嶽麓書社，
2000。

28.張之洞，《勸學篇》，新北市：華藝學術出版社，2015。

29.梁啟超，《飲冰室全集》，臺南：東海出版社，1974。

30.梁啟超，《梁啟超全集》，北京：北京出版社，1999。

31.梁啟超，《論佛教與群治之關係》，臺北：臺灣印經處，1959。

32.梁啟超著；夏曉虹點校，《清代學術概論》，北京：中國人民大學，
2009。

33.梅光羲，《梅光羲著述集》，北京：東方出版社，2014。

34.章炳麟，《太炎先生自訂年譜》，臺北：文海出版社，1971。

35.湯志均編，《章太炎政論選集》，北京：中華書局，1977。

36.楊琥編，《夏曾佑集》，上海：上海古籍出版社，2011。

37.葉昌熾著；王季烈輯，《緣督廬日記》，卷15，收錄於吳相湘主編，《中
國史學叢書》，臺北：臺灣學生書局，1964。

38.福建莆田廣化寺，《淨土宗祖師及高僧的故事》，福建：福建莆田廣化寺
佛經流通處，2002。

39.熊十力，《新唯識論》，北京：中華書局，1985。

40.劉錦藻，《清朝續文獻通考》，臺北：臺灣商務印書館，1987。

41.蔡元培著；高平叔編，《蔡元培全集》，北京：中華書局，1984。

42.魯迅，《魯迅日記》，北京：人民文學，2006。

43.魯迅，《魯迅全集》，北京：人民文學，1981。

44.凝然大德原著；鐮田茂雄日譯；關世謙中譯，《八宗綱要》，高雄：佛光
文化事業，2006，2版。

45.譚嗣同，《譚嗣同全集》，卷一，收錄於李敖主編，《中國名著精華全
集》，第16冊，臺北：遠流出版公司，1983。

46.嚴復著；孫應祥、皮後鋒編，《嚴復集補編》，福州：福建人民出版社，
2004。

47. 釋印順，《印順法師佛學著作全集》，北京：中華書局，2009。

48. 釋印順，《妙雲集》，新竹：正聞出版社，2000。

49. 釋敬安，《八指頭陀詩續集》，卷5（民國八年北京法源寺刻本），上海：上海古籍出版社，2010。

中文檔案

1. 「日僧傳教可否與各國商訂教事再准一律辦理浙省已飭保全寺產限制寺僧此為正本清源之計」（1905.5.26），〈日本東本願寺僧人傳教〉，《總理各國事務衙門》，中央研究院近代史研究所檔案館藏，館藏號：01-12-021-04-021。

2. 「日使爭傳教事甚力希熟權利害速籌見復由」（1905.4.13），〈日使爭傳教權〉，《外務部》，中央研究院近代史研究所檔案館藏，館藏號：02-05-008-01-004。

3. 「日僧伊藤賢道在紹興等處收徒斂錢私給信物業經查禁並照請領事驅逐回國」（1907.1.21），〈日本東本願寺僧人傳教〉，《總理各國事務衙門》，中央研究院近代史研究所檔案館藏，館藏號：01-12-021-04-034。

4. 甘厚慈輯，〈束鹿縣請將二月以前議題廟產撥充學費准照原議辦理稟並批〉，《北洋公牘類纂》，光緒三十三年（1907）北京益森印刷有限公司排印，卷11，臺北：文海出版社，1998。

5. 甘厚慈輯，〈天津縣議事會稟都憲擬定清釐廟宇廟產辦法文〉，《北洋公牘類纂續編》，宣統二年（1910）北洋官報兼印刷局代絳雪齋書排印本，卷2，臺北：文海出版社，1999。

日文史料

1. 大藏省印刷局編，《官報》，東京：日本マイクロ写真株式会社，1901.5.1-甲、1943.5.31。

2. 井上政共，《最新研究通仏教》，東京：有朋館，1905。

3. 古河老川（古河勇），《老川遺稿》，東京：佛教清徒同志会，1901。

4. 永井龍潤，《通俗佛教歷史問答》，京都：圖書出版株式會社，1902。

5. 妻木直良著；前田慧雲閱及評，《靈魂論》，東京：文会堂，1906，3版。

6. 東京大學史料編纂所編，《大日本史料》，第6編，東京：東京大學，1911。

7. 島地默雷、織田得能著,《三國佛教略史》(上、中、下),東京:鴻盟社,1890。

8. 浮田和民講述,《史學通論》,東京:東京專門學校藏版,刊年不明。

9. 高田賢正編纂,《東本願寺上海開教六十年史》,上海:東本願寺上海別院,1937。

10. 福澤諭吉,《福澤諭吉全集》,東京:岩波書店,1961-1962。

日文檔案

1. 外務省編纂,「清國布教保護ノ儀ニ付陳情書」(1905.8.4),〈事項三八、清國內地布教權一件〉,《日本外交文書(明治期)》,卷38冊2,東京:日本國際連合協會,1959,頁567。

2. 外務省編纂,「大谷派本願寺派遣僧伊藤賢道ニ退清ヲ命シ向フ三ケ年間在留ヲ禁止シタル事由具申ノ件」(1905.8.13),〈事項二二、清國內地布教權一件〉,《日本外交文書(明治期)》,卷39冊1,東京:日本國際連合協會,1959,頁822-824。

專書

中文專書

1. 上海通志編纂委員會編,《上海通志》,冊9,上海:上海社會科學院出版社;上海:上海人民出版社,2005。

2. 于凌波,《簡明佛學概論》,臺北:東大圖書公司,1991。

3. 王汎森,《中國近代思想與學術的系譜》,臺北:聯經出版公司,2003。

4. 王汎森等著,《中國近代思想史的轉型時代》,臺北:聯經出版公司,2007。

5. 王汎森,《執拗的低音:一些歷史思考方式的反思》,臺北:允晨文化,2014。

6. 王汎森等著,《中華民國發展史學術發展》,冊上,臺北:國立政治大學;聯經出版公司,2011。

7. 王俊中,《東亞漢藏佛教史研究》,臺北:東大圖書公司,2003。

8. 王爾敏,《中國近代思想史論》,北京:社會科學文獻,2003。

9. 中國人民政治協商會議四川省樂至縣委員會文史資料研究委員會編，《樂至文史資料選輯 第10輯》，四川：國營樂至印刷廠，1987。

10.生活出版社編，《學思文粹》，臺北：生活出版社，1959。

11.江燦騰，《中國近代佛教思想的爭辯與發展》，臺北：南天書局，1998。

12.牟宗三，《佛性與般若》，臺北：聯合報系文化基金會，2003。

13.阮仁澤、高振農，《上海宗教史》，上海：上海人民出版社，1992。

14.余英時，《中國思想傳統的現代詮釋》，臺北：聯經出版公司，1987。

15.李澤厚，《中國現代思想史論》，臺北：三民書局，1996。

16.李向平，《佛教信仰與社會變遷》，北京：宗教文化出版社，2007。

17.李四龍，《歐美佛教學術史——西方的佛教形象與學術源流》，北京：北京大學出版社，2009。

18.佛光文教基金會總編輯，《中國佛教學術論典》，高雄：佛光山文教基金會出版，2001。

19.吳永貴，《民國出版史》，福建：福建人民出版社，2011。

20.吳汝均，《印度佛學的現代詮釋》，臺北：文津出版，1994。

21.吳汝鈞編著，《佛教思想大辭典》，臺北：臺灣商務印書館，199

22.汪耀華編，《上海書業名錄（1906-2010）》，上海：上海書店出版社，2011。

23.邵佳德，《近代佛教改革的地方性實踐：以民國南京為中心（1912-1949）》，臺北：法鼓文化，2017。

24.季羨林著；季羨林研究所編，《季羨林談佛》，北京：當代中國出版社，2008。

25.洪金蓮，《太虛大師佛教現代化之研究》，臺北：東初出版社，1993。

26.約瑟夫・列文森著；鄭大華、任菁譯，《儒教中國及其現代命運》，桂林：廣西師範大學出版社，2009。

27.唐忠毛，《中國佛教近代轉型的社會之維：民國上海居士佛教組織與慈善研究》，桂林：廣西師範大學出版社，2013。

28.高振農，《佛教文化與近代中國》，上海：上海社會科學院出版社，1992。

29.康豹、高萬桑主編，《改變中國宗教的五十年1898-1948》，臺北：中央研究院近代史研究所，2015。

30.張曼濤主編；現代佛教學術叢刊編輯委員會編，《中國佛教教史論集民國

佛教篇》，臺北：大乘文化，1979。

31.張華，《楊文會與中國近代佛教思想轉型》，北京：宗教文化出版社，2004。

32.張灝，《幽暗意識與民主傳統》，北京：新星出版社，2010。

33.章亞昕編著，《八指頭陀》，北京：中國文史出版社，1998。

34.郭穎頤著；雷頤譯，《中國現代思想中的唯科學主義（1900-1950）》，南京：江蘇人民出版社，1989。

35.陳兵、鄧子美合著，《二十世紀中國佛教》，臺北：現代禪，2003。

36.陳春華譯，《俄國外交文書選譯——關於蒙古問題》，哈爾濱：黑龍江教育出版社，2013。

37.許紀霖、宋宏編，《史華慈論中國》，北京：新星出版社，2006。

38.游有維，《上海近代佛教簡史》，上海：華東師範大學出版社，1988。

39.湯用彤，《漢魏兩晉南北朝佛教史》，北京：商務印書館，2017。

40.馮友蘭，《中國哲學史》，臺北：臺灣商務印書館，1993。

41.黃克武，《惟適之安：嚴復與近代中國的文化轉型》，臺北：聯經出版公司，2010。

42.黃林，《晚清新政時期圖書出版業研究》，長沙：湖南師範大學出版社，2007。

43.黃運喜，《中國佛教近代法難研究1898-1937》，臺北：法界出版社，2006。

44.蔣維喬等撰，《佛學五書》，臺北：鼎文書局，1975。

45.楊曾文，《日本佛教史（新版）》，北京：人民出版社，2008。

46.楊曾文、張大柘、高洪著，《日本近現代佛教史》，北京：崑崙出版社，2011。

47.聖嚴法師，《印度佛教史》，輯2冊1，臺北：法鼓文化，2020，3版。

48.葛兆光，《西潮又東風：晚清民初思想、宗教與學術十講》，上海：上海古籍出版社，2006。

49.赫胥黎（Thomas Henry Huxley）著；嚴復譯；王道還導讀，《天演論》，臺北：文景書局，2012。

50.范觀瀾，《中國佛教發展史述略講義》，臺北：萬行出版社，2011。

51.蔡念生編，《中華大藏經總目錄》，收錄於藍吉富主編，《大藏經補編》，臺北：華宇出版社，1985。

52.蔣海怒，《晚清政治與佛學》，上海：上海古籍出版社，2012。

53.蔣維喬，《中國佛教史》，北京：東方出版社，2013。

54.錢穆，《中國思想史》，臺北：蘭臺出版社，2001。

55.藍吉富，《中國佛教泛論》，臺北：新文豐出版公司，1993。

56.闞正宗，《中國佛教會在台灣──漢傳佛教的延續與開展》，臺北：中國佛教會，2009。

57.釋東初，《中國佛教近代史》，臺北：中華佛教文化館，1974。

58.釋東初，《中日佛教交通史》，臺北：中華佛教文化館，中華大典編印會，1970。

59.欒景河主編，《中俄關係的歷史與現實》，開封：河南大學出版社，2004。

英文專書與期刊論文

1. Braden, Charles Samuel, *Modern Tendencies in World Religions*, New York:Macmillan, 1933.

2. Chan, Wing-tsit, *Religious Trends in Modern China*, New York: Columbia University Press, 1953.

3. Chan, Sin-wai, *Buddhism in Late Ch'ing Political Thought*, Hong Kong: Chinese University Press, 1985.

4. Clart, Philip, and Scott, Gregory Adam eds, *Religious Publishing and Print Culture in Modern China, 1800-2012*, Boston: De Gruyter, 2014.

5. Compiled and with Commentary by Cousineau, Phil, *Soul: An Archaeology: Readings from Socrates to Ray Charles*, San Francisco, Calif: HarperSanFrancisco, 1994.

6. De Bary, William Theodore, *East Asian Civilizations: a Dialogue in Five Stages*, Cambridge, Mass: Harvard University Press, 1988.

7. Deonna, W. Ouroboros, *Artibus Asiae*, Vol. 15, No. 1/2（1952）, pp. 163-170.

8. Hegel, Georg W. F; tr. by J. Sibree, *The Philosophy of History*, New York: Prometheus, 1991.

9. Hick, John, *An Interpretation of Religion: Human Responses to the Transcendent*, New Haven: Yale University Press, 1989.

10.Katz, Paul R, *Religion in China & its Modern Fate, Waltham*, Massachusetts: Brandeis University Press, 2014.

11.Levenson, Joseph R, *Confucian China and its Modern Fate*, Berkeley: University of California Press, 1964-1966.

12.Pittman, Don, *Toward a Modern Chinese Buddhism: Taixu's Reforms*, Honolulu: University of Hawai'i Press, 2001.

13.Scott, Gregory Adam, *Conversion by the Book: Buddhist Print Culture in Early Republican China*, Ph. D. diss., Columbia University, 2013.

14.Schwartz, Benjamin I, "Some Polarities in Confucian Thought", in David S. Nivison & Arthur F. Wright eds, *Confucianism in Action*, Stanford, Calif.: Stanford University Press.

15.Shiner, Larry, "The Concept of Secularization in Empirical Research", Journal for the Scientific Study of Religion, Vol. 6, No. 2（Autumn, 1967）, pp. 207-220.

16.Welch, Holmes, *The Practice of Chinese Buddhism: 1900-1950*, Cambridge: Harvard University Press, 1967.

17.Welch, Holmes, *The Buddhist Revival in China*, Cambridge: Harvard University Press, 1968.

18.Welch, Holmes, *Buddhism Under Mao*, Cambridge: Harvard University Press, 1972.

日文專書

1. 小泉仰，《福澤諭吉の宗教観》，東京：慶應義塾大學出版会，2002。

2. 末木文美士、曹章祺著，《現代中国の仏教》，東京：平河出版社，1996。

3. 末木文美士、松尾剛次、佐藤弘夫等編集，《近代国家と仏教》，東京：佼成出版社，2011。

4. 村上專精，《六十一年》，東京：丙午出版社，1914。

5. 陳繼東，《清末仏教の研究——楊文会を中心として》，東京：山喜房佛書林，2003。

期刊論文與報紙

中文期刊論文與報紙

1. 黃夏年等主編，《民國佛教期刊文獻集成》，北京：全國圖書館文獻縮微複製中心，2006。

2. 黃夏年主編，《民國佛教期刊文獻集成‧補編》，北京：中國書店出版

社，2008。

3.　濮一乘主編，《佛學叢報》，期1-12，上海：有正書局；北京：有正書局；天津：有正書局，1912-1914。

4.　〈佛學叢報價目〉，《佛學叢報》，期1（上海，1912），內頁第二面。

5.　〈本報訪事〉，《佛學叢報》，期1（上海，1912），頁1。

6.　〈和尚控相公〉，《佛學叢報》，期2（上海，1912），頁6。

7.　〈地藏菴案之批示〉，《佛學叢報》，期3（上海，1912），頁5-7。

8.　〈僧侶熱心救國〉，《佛學叢報》，期3（上海，1912），頁3。

9.　〈龍華保存之問題〉，《佛學叢報》，期3（上海，1912），頁4-9。

10.〈地藏菴案之辯訴書〉，《佛學叢報》，期4（上海，1912），頁1-4。

11.〈靈應寺自願充公〉，《佛學叢報》，期4（上海，1912），頁5-6。

12.〈佛教總會之擴張〉，《佛學叢報》，期7（上海，1912），頁3。

13.〈本報謹答賜教問題：答孟栖蓮君坐禪五問〉，《佛學叢報》，期4（上海，1913），頁1-2。

14.〈發刊辭〉，《佛學叢報》，期1（上海，1912），頁1-5。

15.〈有正書局發行佛經流通所書目〉，《佛學叢報》，期1（上海，1912），頁末。

16.〈答崇明縣硯廬居士第二函〉，《佛學叢報》，期6（上海，1913），頁1-5。

17.〈答山陰沈無生居士〉，《佛學叢報》，期6（上海，1913），頁7-11。

18.〈本報徵文公告〉，《佛教月報》，期2（上海，1913），頁碼未標註。

19.〈海潮音月刊出現世間的宣言〉，《海潮音》，期1（杭州，1920），頁1-6。

20.〈中華佛教總會公函〉，《佛學叢報》，期4（上海，1913），頁1-3。

21.〈華嚴大學緣起預白待校舍完工再為登報招考〉，《佛學叢報》，期10（上海，1912），頁1-6。

22.〈中外教務聯合會請佛教法師演說〉，《佛學叢報》，期11（上海，1914），頁1-4。

23.〈臺灣布教師來滬參觀佛教〉，《佛學叢報》，期11（上海，1914），頁4。

24.〈內務部批道教會發起人陳明霈請援案保護財產呈〉，《政府公報》，號121（北京，1912.8.29），頁5。

25.〈管理寺廟條例〉，《政府公報》，號1249（北京，1912.10.30），頁1308-1313。

26.〈楊仁山居士事略〉，《佛學叢報》，期1（上海，1912），頁133-137。

27.了一居士，〈道說記餘〉，《佛學叢報》，期4（上海，1913），頁1-9。

28.了一居士，〈道說記餘初集（續）：理想自序〉，《佛學叢報》，期3（上海，1912），頁1-2。

29.八指頭陀，〈冷香塔自序銘〉，《佛學叢報》，期5（上海，1913），頁1-3。

30.上海頻伽精舍，〈上海頻伽精舍大藏經流通處廣告〉，《佛學叢報》，期12（上海，1914），頁1-12。

31.大悟，〈十五年來中國佛教之動向〉，《海潮音》，卷16號1（上海，1935），頁69-80。

32.子民（蔡元培），〈佛學商榷書〉，《佛學叢報》，期1（上海，1912），頁1-3。

33.中央（釋宗仰），〈佛教進行商榷書〉，《佛學叢報》，期1（上海，1912），頁1-5。

34.中華佛教總會，〈中華佛教總會章程〉，《佛學叢報》，期1（上海，1912），頁1-10。

35.仁山，〈佛教總會進行策〉，《佛教月報》，期1（上海，1913），頁7-13。

36.井上哲次郎著；內明譯，〈無神無靈魂說之是非如何〉，《新民叢報》，期38、期39（日本橫濱，1903），頁115-120。

37.王仲堯，〈南北朝涅槃師的判教及其價值意義〉，《普門學報》，期6（高雄，2001），頁1-17。

38.王闓運（記）；瞿鴻禨（書），〈南臺寺日本僧贈藏經記〉，《佛學叢報》，期10（上海，1914），頁1-2。

39.王敬淑，《說一切有部的六因四緣》，臺北：華梵大學碩士論文，2009。

40.王季同，〈唯識研究序〉，《蘇州覺社年刊》，期2（蘇州，1935），頁10-31。

41.太炎，〈無神論〉，《民報》，期8（東京，1906），頁1-12。

42.太炎，〈頻伽精舍校刊大藏經序〉，《佛學叢報》，期1（上海，1912），頁7-9。

43.太炎,〈致宗仰上人書〉,《佛學叢報》,期1(上海,1912),頁6-7。

44.何建明,〈從管理寺廟到監督寺廟:民國時期宗教立法觀念的轉變〉,《中國民族報》,版7(北京,2016),頁1-2。

45.佛教會,〈佛教會致孫大總統公函〉,《佛學叢報》,期2(上海,1912),頁1-2。

46.佛教會,〈佛教會要求民國政府承認條件〉,《佛學叢報》,期2(上海,1912),頁1-2。

47.李志夫,〈試分析印度「六師」之思想〉,《中華佛學學報》,期1(臺北,1987),頁245-279。

48.沈無生,〈問題六則敬祈賜教〉,《佛學叢報》,期6(上海,1913),頁9-11。

49.沈潛,〈論黃宗仰與《頻伽藏》的校刊及其貢獻〉,《世界宗教研究》,期4(北京,2009),頁41-49、156。

50.邵佳德,〈近代佛教的世界格局:以晚清首份漢文佛教報紙《佛門月報》為例〉,《世界宗教研究》,期6(北京,2019),頁57-68。

51.胡適,〈雙十節的感想〉,《獨立評論》,期122(北平,1934),頁2-4。

52.時報,〈和尚控訴南市裁判所〉,《佛學叢報》,期1(上海,1912),頁1-2。

53.時報杭州通信,〈縣法院保存古剎之裁判〉,《佛學叢報》,期4(上海,1913),頁4。

54.孫文,〈孫大總統覆函〉,《佛學叢報》,期2(上海,1912),頁1。

55.孫文,〈大總統宣佈參議院議決臨時約法公佈〉,《臨時政府公報》,期35(南京,1912),頁1-9。

56.孫式海謹錄,〈專西大師略傳〉,《佛學叢報》,期5(上海,1913),頁1-3。

57.倪管嬪,〈清末民初江蘇居士楊文會的佛教教育(1851-1911)〉,《史苑》,期71(臺北,2011),頁37-59。

58.倪管嬪,〈用佛教來救國:梁啟超佛學政治理念的建構〉,《史粹》,期28(臺北,2015),頁39-68。

59.倪管嬪(釋道禮),〈清末民初太虛大師佛教護國維新理念初探〉,《圓光佛學學報》,期26(桃園,2015),頁181-216。

60.島地默雷、織田得能合著，〈三國佛教略史序〉，《佛學叢報》，期1（上海，1912），頁1。

61.島地默雷、織田得能合著，〈三國佛教略史凡例〉，《佛學叢報》，期1（上海，1912），頁1-3。

62.鳥目山僧（釋宗仰），〈論尊崇佛教為今日增進國民道德之切要〉，《佛學叢報》，期4（上海，1913），頁1-6。

63.陳方恪，〈續居士傳：羅臺山〉，《佛學叢報》，期2（上海，1912），頁1-4。

64.陳方恪，〈續居士傳：汪大紳〉，《佛學叢報》，期3（上海，1912），頁1-3。

65.張宗儒，〈重興寶蓮寺越岸法師碑〉，《佛學叢報》，期6（上海，1913），頁1-3。

66.張灝，〈中國近代思想史的轉型時代〉，《二十一世紀》，總第52期（香港，1999），頁29-39。

67.梁啟超，〈論佛教與群治之關係〉，《新民叢報》，期23（日本橫濱，1902），頁45-55。

68.笠居眾生，〈論自然天演法爾之同異〉，《海潮音》，期12（上海，1932），頁8-12。

69.許效正，〈中華佛教總會（1912-1915）述評〉，期4（北京，2013），頁10-15。

70.許效正，〈民國初年上海廟產糾紛透視〉，《史學月刊》，期9（河南，2013），頁103-109。

71.許效正、張華騰，〈試論《臨時約法》對廟產問題的影響〉，《貴州文史叢刊》，期2（貴州，2010），頁20-26。

72.麥錦恆，〈民國佛教會的影響〉，《法音》，期2（北京，2015），頁34-38。

73.鈍根節譯；妻木直良著，〈說靈魂〉，《佛學叢報》，期7（上海，1913），頁1-3。

74.鈍根節譯，政共居士（井上政共）著，〈佛教與學問〉，《佛學叢報》，期5（上海，1913），頁1-4。

75.鈍根節譯，政共居士（井上政共）著，〈佛教與學問〉，《佛學叢報》，期6（上海，1913），頁1-4。

76.馮毓孿，〈中華佛教總會會長天童寺方丈寄禪和尚行述〉，《佛學叢報》，期5（上海，1913），頁1-5。

77.黃克武，〈梁啟超與中國現代史學之追尋〉，《中央研究院近代史研究所集刊》，期41（臺北，2003），頁181-213。

78.黃夏年，〈中華佛教總會研究（中）〉，《中國佛學》，期1（北京，2014），頁1-12。

79.傖父（杜亞泉），〈再論新舊思想之衝突〉，《東方雜誌》，卷13期4（上海，1916），頁1-6。

80.慈渡，〈二十年來中國佛教的出版界〉，《海潮音》，卷13期1（上海，1932），頁9-17。

81.新聞報，〈小天台交還僧人〉，《佛學叢報》，期2（上海，1912），頁5。

82.楊仁山，〈十宗略說〉，《佛學叢報》，期4（上海，1913），頁1-7。

83.滄江（梁啟超），〈蒞佛教總會歡迎會演說辭〉，《佛學叢報》，期3（上海，1912），頁1-3。

84.滄江（梁啟超），〈論佛教與國民之關係〉，《佛學叢報》，期1（上海，1912），頁1-4。

85.塵空，〈十五年來之佛教出版界〉，《海潮音》，卷16期1（武昌，1935），頁186-197。

86.魯迅，〈說鈤〉，《浙江潮》，期8（東京，1903），頁85-92。

87.慧若譯，〈釋迦牟尼佛傳〉，《佛學叢報》，期12（上海，1913），頁1-11。

88.鄭阿財，〈二十世紀敦煌學的回顧與展望——中國大陸篇〉，《漢學研究通訊》，卷19期2（臺北，2000），頁169-177。

89.黎端甫，〈香嚴閣問答〉，《佛學叢報》，期1（上海，1912），頁1-8。

90.黎端甫，〈論淨土法門貫通諸法大義（續）〉，《佛學叢報》，期6（上海，1913），頁1-5。

91.濮一乘，〈中華民國之佛教觀〉，《佛學叢報》，期1（上海，1912），頁1-16。

92.鍾瓊寧，〈民初上海居士佛教的發展（1912-1937）〉，《圓光佛學學報》，期3（桃園，1999），頁155-190。

93.釋月賓，〈佛學十論〉，《佛學叢報》，期5（上海，1913），頁1-16。

94.釋顯珠編，〈維摩詰所說經講義錄卷一之上〉，《佛學叢報》，期5（上

海，1913），頁1-21。

95.釋宗仰，〈頻伽精舍校刊大藏經告成普勸流通啟〉，《佛學叢報》，期6
（上海，1913），頁1-4。

96.鶴年，〈名山游訪記〉，《佛學叢報》，期3（上海，1912），頁1-12。觀
雲（蔣智由），〈佛教之無我輪迴論（一）〉，《新民叢報》，卷3期18
（日本橫濱，1903），頁65-74。

日文期刊

1.〈近刊の《大日本史料》〉，《佛教史學》，第1編第6號（東京，
1911），頁87-90。

2. 村上專精，〈佛教史研究の必要を述べて發刊の由來となし併せて本誌の
主義目的を表白す〉《佛教史林》，期1（東京，1895），頁1-11。

3. 荻野由之，〈佛教史研究に對する希望〉，《佛教史學》，第1編第6號
（東京，1911），頁51-53。

4. 道端良秀，〈「支那佛教史」の既刊書概觀〉，《支那佛教史學》，卷1
期1（1937，京都），頁122-130。

網路資料

Gregory Adam Scott, "Chinese Buddhist Publishing and Print Culture,1900-1950", edited
by Richard Payne, Oxford Bibliographies in Buddhism, New York: Oxford University
Press, March 2013. Oxford Bibliographies. http://www.oxfordbibliographies.com/
view/document/obo-9780195393521/obo-9780195393521-0134.xml（檢索日
期：2022.9.26）

讀歷史149　史地傳記類　PC1056

國家、知識、信仰
——《佛學叢報》與清末民初佛教的近代轉型

作　　　者 / 倪管嬣（釋道禮）
責任編輯 / 林哲安、鄭伊庭
圖文排版 / 蔡忠翰
封面設計 / 王嵩賀

發 行 人 / 宋政坤
法律顧問 / 毛國樑　律師
出版發行 / 秀威資訊科技股份有限公司
　　　　　114台北市內湖區瑞光路76巷65號1樓
　　　　　電話：+886-2-2796-3638　傳真：+886-2-2796-1377
　　　　　http://www.showwe.com.tw
劃撥帳號 / 19563868　戶名：秀威資訊科技股份有限公司
　　　　　讀者服務信箱：service@showwe.com.tw
展售門市 / 國家書店（松江門市）
　　　　　104台北市中山區松江路209號1樓
　　　　　電話：+886-2-2518-0207　傳真：+886-2-2518-0778
網路訂購 / 秀威網路書店：https://store.showwe.tw
　　　　　國家網路書店：https://www.govbooks.com.tw

2022年12月　BOD一版
定價：350元
版權所有　翻印必究
本書如有缺頁、破損或裝訂錯誤，請寄回更換

讀者回函卡

國家圖書館出版品預行編目

國家、知識、信仰:《佛學叢報》與清末民初佛教
  的近代轉型 / 倪管嬣著. -- 一版. -- 臺北市:
  秀威資訊科技股份有限公司, 2022.12
      面; 公分. -- (史地傳記類;PC1056)(讀歷史;
149)
  BOD版
  ISBN 978-626-7088-76-0(平裝)

  1.CST: 佛學叢報 2.CST: 佛教 3.CST: 歷史
  4.CST: 中國

228.2   111006557